蒋星五 主编

令家长头痛的问题

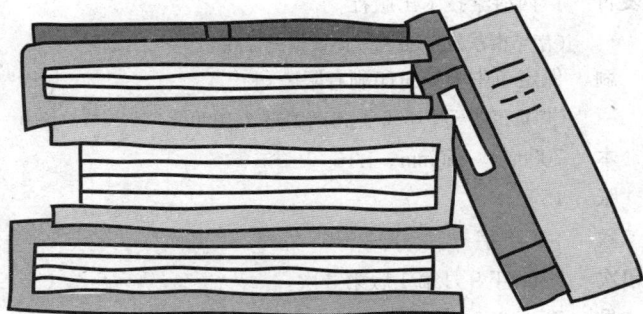

广西科学技术出版社

图书在版编目（CIP）数据

令家长头痛的问题/蒋星五主编. —修订本. —南宁：
广西科学技术出版社，2012.7（2017.9 重印）

ISBN 978-7-80666-468-1

Ⅰ. ①令… Ⅱ. ①蒋… Ⅲ. ①家庭教育—通俗读物
Ⅳ. ① G78-49

中国版本图书馆 CIP 数据核字（2012）第 149478 号

令家长头痛的问题
LING JIAZHANG TOUTONG DE WENTI

蒋星五　主编

责任编辑　饶　江		封面设计　叁壹明道	
责任校对　陈业槐		责任印制　韦文印	

出 版 人　卢培钊

出版发行　广西科学技术出版社

　　　　　（南宁市东葛路 66 号　邮政编码 530022）

印　　刷　保定市中画美凯印刷有限公司

　　　　　（保定市西三环1566号 邮政编码 071000）

开　　本　700mm×950mm　1/16

印　　张　15

字　　数　181 千字

版次印次　2017 年 9 月第 1 版第 3 次

书　　号　ISBN 978-7-80666-468-1

定　　价　29.80 元

本书如有倒装缺页等问题，请与出版社联系调换。

编撰人员： 游　磊　　华人僖　　蒋　茜　　曾琳琳
　　　　　　华　宙　　郑　勇　　秦　庆　　王　英
　　　　　　华　伟　　向东方　　李一谷　　华　和
　　　　　　商爱茹　　蒋星五

前　言

　　本书中的几十个问题，都是令家长头痛的问题，也是在教育孩子时经常遇到的、十分棘手的问题。怎样解决这些问题呢？我们的做法是：吸取成功家教的典型经验来解答问题。他们的经验都是十分宝贵的，也是十分有效的。所以，我们相信本书对帮助家长解决"头痛"问题是有较大价值的。

　　本书资料丰富翔实，写法生动有趣，是一本别具特色的家教教材和课外辅导读物，一定会受到广大家长、教师的欢迎。

作　者

内容简介

　　本书共收集了在孩子中发生的令家长十分头痛、棘手的几十个问题，如："孩子对学习没有兴趣怎么办"，"孩子有逆反心理怎么办"，"孩子有小偷小摸行为怎么办"等等。对这些问题，只要有一个解决得不好，都会伤害孩子，影响孩子的健康成长，甚至会改变孩子的一生。

　　本书的作者对几十个问题，采用了古今中外一些成功家教的典型实例进行解答，不仅很有说服力，而且十分生动有趣，引人入胜。

　　本书的教育性、准确性、实用性、趣味性都比较强，不但是一本很具特色的、培养孩子成长的有益的书，而且也是家长的好帮手。一册在手，省却家长烦恼！

目　录

一、学习方面的问题

（一）孩子认为学习是苦事，不想努力怎么办

造成孩子这种想法的原因是多方面的，有教师的原因，有孩子的原因，有家长的原因，还可能有社会的原因。但有一个原因是主要的，就是和孩子本身没有树立正确的学习观有关，或者说与家长没有认真帮助孩子树立正确的学习观有关。无数事例证明，只要孩子树立了正确的学习观，那么，即使学习再苦，他也认为乐，认为是一件十分有趣的事。

请看下面一个真实的故事：

中国科技大学有一位少年大学生，叫阚啸波。他在上初中二年级时自学完初、高中的全部课程，13 岁考进中国科技大学。上了两年半大学，就考上了中美联合招收的物理学研究生，出国留学去了，现在休斯顿大学攻读博士学位。

以前，阚啸波是一个十分顽皮的孩子。他刚满 6 岁，爸爸就送他上学读书。他像上了笼套的野马驹，急得直想甩蹄子。老师讲课时，他一边听，一边用手搔脑袋，盼望着赶快下课，好出去玩耍。

老师发现他静不下心来听课，多次在课堂上点他的名。后来，老师见点名批评都没啥效果，就去家访，把他在学校里的表现告诉了他的爸爸。

爸爸气得把啸波狠狠地揍了一顿，然后说："从今天起，你每天放学回来，都要老老实实地呆在家里学习，如再随便跑出去，就打断你的腿！"

晚上，啸波不敢跑出去了，规规矩矩地坐在桌子前。不过他不是在学习，而是两眼直直地对着电灯发呆。

啸波能不能克制自己，把贪玩改为刻苦学习呢？老师认为很难扭转，爸爸对他也失去了信心。不料，后来有一件事情，使啸波的思想发生了变化。

一天晚上，爸爸买来了几张五色纸，在家扎花儿。爸爸手真巧，扎出的花儿像真的一样。啸波在一旁问："爸爸，扎这些花儿干啥呀？"

爸爸说："厂里明天开大会，准备献给你张叔叔，就是那次来咱家考你的那位张工程师。"

"花儿献给他干啥呀？"啸波又问。

爸爸说："你张叔叔为国家立了大功，他改革一种机器，提高了工效，给国家创造了100多万元财富，等于我们1000个工人一年创造的价值。"

"爸爸，你咋不改革机器呀？"啸波的弟弟在一旁问。

爸爸说："我没有知识呀！你张叔叔念过大学，一肚子墨水儿，爸爸是肚子空啊！"他望了望啸波又说："爸爸是在苦水里泡大的，是共产党救了我，又让我当了工人。我恨不得使出全身力气，为党、为人民多作贡献，可惜我没念过书，没有知识，心有余而力不足呀！你们都生活在新时代，不愁吃、不愁穿，又能安心上学读书，我指望你们都能像你张叔叔那样，学好科学文化知识，将来好为党、为

人民多作贡献。可是……"说到这里他泪水簌簌地流了下来。

　　啸波站在一旁听着，眨巴眨巴眼，小嘴一撇啜泣起来说："爸爸，从今天起，我不贪玩了，要用心学习，长大了像张叔叔那样改革机器……"

　　爸爸高兴地抚摸着啸波的头说："好孩子，别看咱家生活不宽裕，只要你不贪玩，专心地学习，你学习上需要什么，我都给你买。"

　　啸波想了想说："爸爸，那就请你给我买1斤铁丝吧！"

　　"要铁丝干啥？"爸爸不解地问。

　　"学习用啊！"啸波回答。

　　学习怎么用得着铁丝呢？爸爸感到奇怪，可还真的给啸波买来了1斤铁丝。

爸爸是个钳工，家里什么工具都有。啸波找来一把老虎钳子，用铁丝做成了一副镣铐，戴在脚上试试，满合适。然后又把抽屉上的一把铁锁卸下来，也能锁上，真有趣。

这时正是暑假，啸波用自制的镣铐把自己铐上，然后锁在桌子腿上，挣一挣很牢固，就坐下来翻开课本学习起来。

奶奶看到了，咋呼道："啊呀呀！你这孩子，疯了？入魔了？这是干啥子嘛？"

啸波不理她，只管学习。

奶奶急了，连忙跑到厂里把啸波爸爸拽了回来说："你快瞧瞧，啸波可是发疯了！"

爸爸见啸波戴着镣铐在学习，也不觉一怔，忙问："啸波，你这是出啥洋相？"

啸波说："我玩惯了，只怕自己控制不住自己，才想出这个办法。"

爸爸听罢，心里暗自欢喜。他虽不赞成儿子这样做，可他知道儿子真的收心了。他笑着说："戴就戴吧，全当闹着玩。"

奶奶还是喊着、叫着，非要孙子把镣铐取掉不可。啸波说："奶奶，镣铐虽戴在我的脚上，可钥匙在我手里呀，我若真急了，会把锁打开取掉嘛。"经他这么一说，奶奶才不叫喊了。

不料，啸波吃罢饭，坐在桌子前，把自己的镣铐戴好，然后把钥匙扔到墙边，这才翻开书本学习。学习了一段时间，他突然喊道："奶奶，快来！"

奶奶急忙过来，连声问："孩子，怎么啦？怎么啦？"

"我要撒尿！"啸波说。

奶奶说："那你去撒好了！"

啸波说："我脚上戴着镣铐呢！"

奶奶说："你不会把镣铐打开？"

"钥匙在那墙角边，我够不到呢！"

奶奶跑到墙角边捡来了钥匙，埋怨道："看你这孩子多淘气，怎么把钥匙扔那么远。"

啸波说："你不知道，奶奶，如果钥匙拿在我手里，我急了，就要想着开锁，把钥匙扔得远远的，心里再急也没办法。不过，奶奶，我要屙屎或撒尿，就得麻烦您了。"

奶奶听罢，哭笑不得。

啸波就这样克服了好动贪玩的玩性。这样又过了半个月，他试着能够控制自己了，才把镣铐取掉。

请看，小啸波原来是把学习当做苦事，把玩耍当做乐事的。后来经过张叔叔事例的教育，使他树立了正确的学习观，才有了真正的转变，成为一个以学习为乐，认真学习的好孩子、好学生。

由此可见，当孩子认为学习是苦事的时候，家长就要想尽一切办法，帮助孩子树立正确的学习观。只有这样，孩子才能真正从思想上做到以学为乐，才能真正把学习搞好。

（二）孩子学习成绩不好，自己又没有能力辅导怎么办

这是一些文化水平不高的家长经常碰到的问题。有些家长听之任之，对孩子采取不闻不问的态度。这是一种消极的态度。

这里向大家介绍两种较为有效的办法。

一是虚心向人请教。这是中国科技大学少年大学生王卫东的母亲张月秋的经验。请看她的自我介绍：

我的儿子王卫东在童年时代就好追问"为什么"，由于我们夫妻

俩文化水平太低了，对孩子提出的问题常常不能准确地做出回答，可是孩子却不放过。

记得有一次，他突然问我们："电灯为什么会亮？"幸亏他爸爸是个电工，所以就粗略地回答了他。还有一次，孩子突然问我们："天上的星星距离我们有多远？为什么会发亮？"这个问题把我们问住了。还是他爸爸有办法，告诉他说："你今天把作业做完，明天我再告诉你。"

第二天，他爸爸带着这个疑难问题，向老师和同事请教。回家后再告诉孩子。在这方面我的体会是：第一，在回答孩子提问时，不要撒谎或做出不正确的解答；第二，回答孩子提出的问题，不要搪塞，以免在孩子幼小的心灵中造成错觉；第三，对孩子提出的问题回答不了，不一定当时回答，做父母的可以求师问友，然后再回答。父母还要告诉孩子，由于父母文化水平低，特意拜请某位同志或老师给解答的。这样就鼓励和支持了孩子好奇、多问的心理，有益于养成孩子不懂就问，不会就学的良好习惯。

张月秋的体会是很好的。她告诉我们怎样对待孩子的提问。如果自己有不懂的问题就要虚心向人请教。张月秋的做法是针对学龄前儿童说的。那么对学龄儿童、对小学生，这个办法是不是适合呢？对孩子学习成绩不好，自己又没有能力辅导的家长适合不适合呢？我们认为这个经验也是适合的。自己文化水平低，无法辅导，因此无法提高孩子的学习成绩，家长当然更应该向人请教。不仅如此，更主要的，还要认真地进行自学，和孩子一道学习小学的课程。而这一点是容易做到的，因为小学课程并不太复杂。

家长辅导孩子学习的动人事例是举不胜举的。下面请看一则动人的故事。

冶金部第三冶金建设公司电控厂（鞍山）的卷线工康忠琦有一个独生子叫褚晖。10年前，由于医生的误诊，滥用了高强放射线，

致使孩子双耳全聋了。她领着孩子，走遍全国各地求医治病，为了治好孩子的耳朵，她几乎倾家荡产，但一切都未逆转。褚晖没有考上高中。有人劝这位母亲，让孩子到福利厂上班，一个月还能挣几十元，但她一定要让孩子上大学。

1985年，褚晖报考了辽宁大学中文系和辽宁文学院两所院校的函授班，被录取了。但他听不见老师讲课，又看不懂老师的口形，一节课下来，一无所得。母亲忍受不了儿子的痛苦，决定替他去听课，回来再教儿子。

近50岁、只受过7年文化教育的她，为了儿子，每个星期天，无论刮风下雨，都要走10千米路到函授站听课，生病也不肯休息。真正的苦还是在课堂上。每逢听课，她总是坐在前排，注意听，认真记，就连老师讲个笑话，她都记下来，她要尽一切努力把孩子的思维带到课堂的气氛里。但她毕竟文化低，高等教材真难为了她，尤其是古汉语。母亲的责任感，使她比别人要多付出千倍的努力。她下课请教老师，课间问同学，回家查工具书。

为了儿子成才，她省吃俭用买了大量书籍。家里除了20世纪60年代的两个木箱之外就是书，她觉得这是给儿子最好的财富。

验证母爱力量的时候到了，结业考试时，她给孩子报了4科。当她把儿子在考场安顿好，离开教室时，监考老师却发现了"问题"。他向教务长报告，有一个孩子替妈妈考试。他们来到孩子桌旁，仔细检查了学生证和准考证，没有错，是这孩子的。老师找到母亲说："我们对你的印象很深，你每次都认真听课，怎么不参加考试？"她含泪以实相告，老师听了大受感动。

母与子3年的苦读，终于换来了丰硕的成果，褚晖获得了辽宁大学和辽宁文学院两张专科毕业文凭。1989年，在三冶建设公司领导的关怀下，他被分配到三冶报社，开始走上了新的工作岗位。

这是多么感人肺腑的事例。如果每一个母亲都有这样一种母爱，那么，世界上还有什么困难不可以克服呢？而现在你的孩子成绩不好，还有什么力量可以阻止你对他进行辅导呢？你文化水平低，那么，就请你像这位母亲一样认真学习，虚心请教吧！

二是聘请家庭教师。根据我们的统计，小学成绩差的学生，南京等一些地方已有10％的家庭聘请了家庭教师。中学成绩差的学生有20％的家庭聘请了家庭教师。这是解决家长不能辅导孩子，或无时间辅导孩子的另一个办法。聘请家庭教师的优点较多，主要是能因材施教。但也要注意三戒。

一戒长期依赖。如果在家庭教师的正确辅导下，孩子的学习有了进步，那就应该减少家庭教师辅导的次数，以让孩子适应学校的教学进度。

二戒不主动配合。要让孩子将平时学习中不懂的地方做好记号，待家庭教师来了之后集中请教，再通过练习等方式进行巩固，这就有利于充分发挥家庭教师的辅导功能。

三戒包办代替。有的学生不管问题难易，都要家庭教师从头到尾详细讲解，直至给出现成答案，长此以往，自己独立思考的能力会越来越差，这是学习中最忌讳的事。

以上两种办法应以前者为主，后者为辅。

（三）孩子上课好动，注意力不集中怎么办

孩子上课好动，注意力集中不起来，是由多方面原因造成的。其中一个重要原因是孩子在上课时缺乏自控力。而缺乏自控力与孩子没有树立正确的学习目的、缺乏学习毅力有关。

纠正之法，常用的有两种：

第一，要引导和教育孩子向既有正确的学习目的、又有坚强毅力的人学习。如下面这个学生的事例，就是很好的教材。

这是一双残损的手，内生的软骨瘤在两只手的各个部位不规则地滋生，稍重的负荷和摩擦就会产生剧烈疼痛。可就是这双手，却握着智慧之笔，写出了一份又一份让老师拍案叫绝的优秀答卷：全国"华罗庚金杯"赛二等奖，全国中学生物理竞赛三等奖，全国"文心杯"师生作文赛三等奖……今年又以总分628分的高分摘取南京市中考第一名的桂冠。他就是南京优秀残疾中学生、金陵中学高中一年级学生姜涛。

姜涛的命运比同龄的孩子实在有太多的不幸。5岁那年，父亲发现发育正常的小姜涛出现了生长迟缓，并在全身不规则地出现一个个突起的瘤子。而每新生一个瘤子都让小姜涛疼痛难忍。父母心

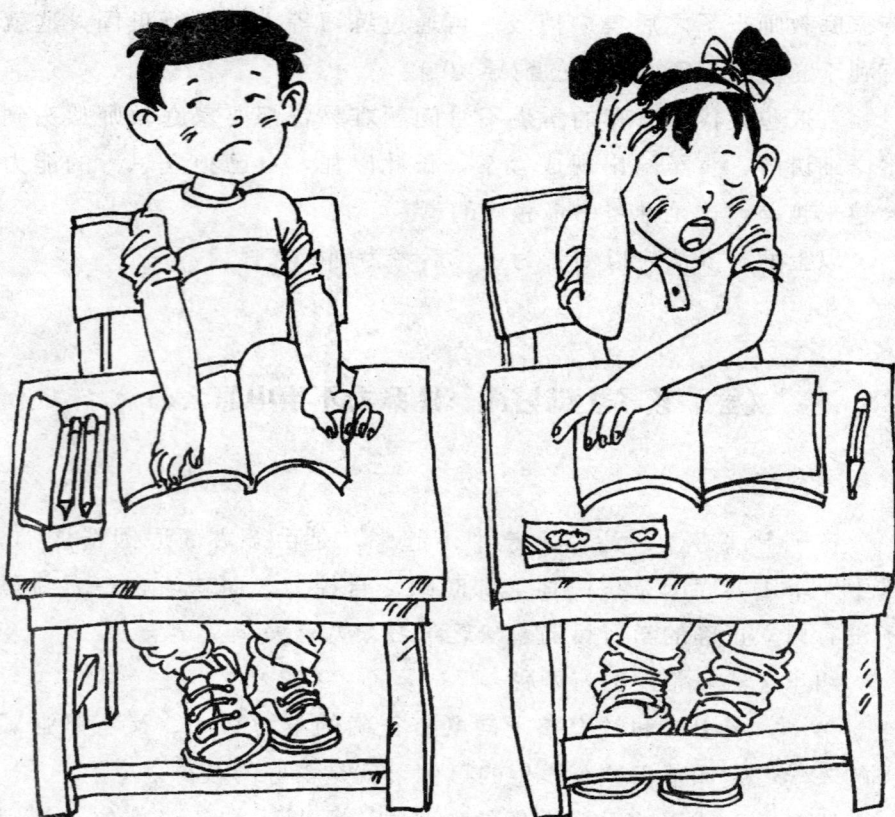

急如焚，从此开始在全国寻访专家求医问药，许多大医院都难下结论。最后，经上海一家医院手术取瘤切片检查，被诊断为"全身性骨骼内生软骨瘤"，它将会随着身体的生长继续增生，并影响正常的生长发育。

残酷的事实没有让姜涛父母气馁，他们一边带着孩子奔走求医，一边对他进行开发智力的种种尝试。在姜涛幼小的心灵中，父母那"要自立自强，不被社会淘汰"的语言早已在他的脑子里根深蒂固。与同龄孩子相比，他显得特别懂事，勤学好问，功课全优，课外读物更为他插上了双翅，也使他的意志更为坚强，毅力更为刚强。在读小学至初中的 9 年中，由于软骨瘤继续增生，他的双腿和双臂严重弯曲畸形。一次次的矫形手术和一次次的骨折治疗，令姜涛疼痛无比。每当这时，他总是拿出他心爱的书来看，从中汲取力量。

不幸的姜涛又是幸运的。从小学到中学，周围的人无不给予他特别的爱。治疗耽误了课程，老师总是登门为他补课；有时行走有困难，同学们就用车推着他回家；金陵中学离家远，父亲所在的省体委还特意在学校附近为他家安排了住房。

看，又是一个新的张海迪，他多么坚强！如果每一个上课好动、注意力不集中的学生都能像他那样，那么还有什么理由不控制自己、不集中注意力学习呢！姜涛的誓言是："要自立自强、不被社会淘汰。"那么，不能控制自己的学生就应该像姜涛那样"要控制自己，不被学校淘汰"。

第二，除了在认识上要解决好孩子的思想问题以外，还要研究克服注意力不集中的办法。在这方面，日本有比较好的经验，现在介绍如下。这个方法叫做"三分钟超觉静思法"。

"三分钟超觉静思法"是日本京都大学教授、日本生活医学研究所所长川爱义博士经过 50 多年的研究创造的一种健脑方法。

"三分钟超觉静思法"的好处：

一是可以使人精力集中。只要一做这个操，哪怕几百个学生的教室，也能立即安静下来。

二是可以提高学生的考试成绩。

这个方法，我们在课堂里进行过试验，效果也是比较好的。

发明者在东京高田马场的"东京儿童教育中心"进行了一次试验。参加试验的是小学六年级的学生，共 32 人，其中男生 15 名，女生 17 名。

试卷分 A 和 B 两种。

试卷 A

(1) $1\frac{1}{8} \times \frac{2}{3} - 1\frac{5}{6} \div 4\frac{2}{5} =$

(2) $4\frac{2}{3} \div 3\frac{1}{3} - \frac{2}{3} \times 1\frac{2}{5} =$

(3) $3\frac{2}{9} - 1\frac{1}{6} - 1\frac{1}{21} =$

(4) $3\frac{1}{2} \times 4\frac{2}{3} - 8\frac{1}{3} \div 2\frac{1}{2} =$

(5) $(3\frac{2}{3} - 2\frac{3}{4}) \div (\frac{1}{3} + 1\frac{1}{6}) =$

(6) $(7\frac{3}{8} - 1\frac{5}{7} \times 2\frac{5}{8}) \div \frac{1}{16} =$

(7) $\frac{4}{5} \div 1\frac{1}{3} - 3\frac{1}{5} \times \frac{3}{16} =$

(8) $(\frac{2}{7} + \frac{1}{14}) \div (\frac{3}{8} + \frac{1}{4}) =$

(9) $\frac{8}{17} + \frac{2}{3} \div (3\frac{1}{2} - \frac{1}{10}) =$

(10) $1\frac{3}{5} \div \frac{4}{7} - \frac{5}{6} \times \frac{2}{15} =$

试卷 B

(1) $3\frac{1}{4} - \frac{5}{4} \times \frac{6}{8} \div \frac{3}{4} =$

(2) $\frac{1}{4} + \frac{1}{4} \div \frac{1}{6} \times \frac{1}{8} =$

(3) $9\frac{1}{6} - 4\frac{2}{5} \div (1\frac{5}{9} - \frac{1}{3}) =$

(4) $\frac{5}{6} - \frac{1}{3} \div 3\frac{3}{4} \div \frac{8}{25} =$

(5) $\frac{3}{4} - 1\frac{2}{3} \div (1\frac{2}{3} + \frac{5}{6}) =$

(6) $1\frac{3}{5} - \frac{3}{8} \div \frac{5}{16} \times \frac{4}{5} =$

(7) $7\frac{1}{2} + 3\frac{3}{5} \div \frac{3}{14} \times \frac{2}{7} =$

(8) $1\frac{5}{7} + 2\frac{4}{9} \div 1\frac{1}{6} \times \frac{3}{22} =$

(9) $1\frac{2}{3} - \frac{4}{5} \div \frac{6}{7} + \frac{8}{9} =$

(10) $8\frac{1}{6} - \frac{5}{6} \times 2\frac{1}{3} \times 3\frac{3}{5} =$

试卷 A 是在午休时孩子们做过游戏之后，立即让他们在 10 分钟内完成的。

试卷 B 是在上完 40 分钟的社会课之后，接着做 3 分钟超觉静思，然后让他们在 10 分钟内完成的。

结果如何？

试卷 A 平均分是 56.25 分。

试卷 B 平均分是 60 分。

班主任水野茂一先生就此事作了讲评，他说：

"一、从平均分看，试卷 B 比试卷 A 的平均分约高 4 分，这就是说，10分钟之内，两个人当中便有一个人在 B 试卷上比在 A 卷上多答出一道题，这个效果可以说是较明显的；二、从两张试卷相比来看，虽然同样都是10道分数题，但试卷 B 的考题显然比试卷 A 的考题复杂；三、从解答问题的速度和考题的难度可以得出结论：做过超觉静思之后，学生平心静气、计算专心，比不做超觉静思解答得正确、迅速。"

超觉静思分三个阶段：静坐；调整呼吸（调息）；默念关键字（真言）。三个阶段共3分钟。

第一阶段——静坐

静坐即安安静静、稳稳当当地坐。

具体要求是：

上身——脊梁要直；

颈部——不要用力，下颌稍微内收；

面部——面向正前方；

上肢——从两肩沿身体自然下垂，双肘稍弯曲，两手放在大腿中央，手指并拢，手腕放松，手指对手指成球形；

双目——微微闭合。

坐在床上或椅子上做均可。这一阶段不计算时间。

第二阶段——调整呼吸（两分钟）

具体要求是：

（1）双目微合——不闭则受外界干扰，闭太紧则会浮想联翩。

（2）腹式呼吸——肚子鼓起来时吸气，瘪下去时呼气。

首先深深地吸一大口气，鼓起肚子，然后慢慢地瘪下肚子把气吐出来。一开始一分钟做十几次，习惯以后，可减少到一分钟做5～6次。

（3）默记次数——1～100次为止。

前后过程是两分钟。

第三阶段——默念关键字（真言）（一分钟）

真言是日本用语，是代表一个人的愿望、信念，或能够促使其获得成功的座右铭。

具体要求是：

（1）真言的念法为不出声，反复默念。

（2）真言的选择，应该尽量选择包含着自己愿望并能使自己产生信心的句子。如：

做则成功，弃则失败！

成功！成功！

能成！能成！肯定能成！

集中精力！集中精力！

"三分钟超觉静思法"每天早、晚各一次，贵在坚持。如不能坚持，则无效果。

怎样才能使孩子上课注意力集中呢？除了上面所讲的"三分钟超觉静思法"以外，在这里还介绍另一种方法，这就是少年大学生郭震同学所使用的方法，叫做"追老师"。什么叫做"追老师"呢？他说：

"珠子穿成串，才能更好看，学知识，也是这样。课堂上，老师讲课是一环扣一环的，有一环理解不好，课后就是花双倍的时间，也很难补上。长期下去，就会越来越落后了。所以我要求自己做到思路跟着老师转，简单地说，就是'追老师'。

有一次上课，同桌同学跟我逗着玩，抢走了我的钢笔，还扭我的手臂，我可真火了，正想回击，突然想起，不能打断思路。于是我尽量忍耐住，没耽误听课，也没有影响别人。

由于课堂上听得好，做作业很省力，我就有了很多时间自学。从初中二年级开始，我自学高中的数学课程，提前考入了大学。"

这种"追老师"的方法，还是很管用的，大家可以试一试。

（四）在学习中，孩子记忆力不强怎么办

　　增强孩子的记忆力是一个重要的问题。因为一个学生，虽然接受能力强，但是记不住，这等于没有学好。在这方面我们采取了两种办法：一是给学生讲记忆力的一般知识，澄清学生中的一些关于记忆的糊涂观念；二是教学生掌握一些有效的记忆方法。

　　首先，要澄清学生对记忆力问题的两个误解。

　　1. 记忆力是不是天生的

　　许多学生认为记忆力是天生的。他们的理由是有些人记忆力好，有些人记忆力差，这中间的差别就是天生的。对这种看法，我们认为，如果一个人的记忆力是天生的，那么，每一个人都是妈妈生的，可是世界上没有一个人在他生下来的时候就认识他的妈妈。一个人所以能认识他的妈妈，是因为妈妈和他经常接触。所以，记忆力不是天生的。世界记忆力冠军佐治·乌希林，是记忆力吉尼斯世界纪录的创造者，他的记忆力也不是天生的。1989 年，他打破吉尼斯世界纪录的记忆纪录时说："我记 30 副牌共 1560 张。那些牌在证人面前洗了 2 个小时。我用 20 分钟看那些牌并记住它们的次序。我可以记错 8 张，但我只记错了 2 张。我用了 2 小时 43 分讲了 1560 张牌的点数。于是我创造了吉尼斯世界纪录。"

　　是他天生有这种记忆力吗？不是。原来，在 5 年前，有一次他去听需要记忆的课，他老记不住，于是，他去图书馆找到一些可以帮助提高记忆力的书来看，从中总结出了记忆规律，再通过训练，他才有这么好的记忆力。

　　2. 记多了会伤身体吗

持"记多了会伤身体"这种看法的学生主要是不了解"一个人的记忆能力有多大"而造成的。

一个人的记忆能力究竟有多大呢？

请看下面一些数字：

美国国会图书馆藏书约 1500 多万册，但它的信息量只有一个人大脑可记忆知识的 $\frac{1}{50}$。还有人估计，人脑记忆的可能容量相当于全世界图书馆藏书的信息总量。

苏联时期的一本杂志写道："如果我们能迫使我们的大脑达到其一半的工作能力，我们就可以轻而易举地学会 40 种语言，将一本苏联大百科全书背得滚瓜烂熟，还能够学完数十所大学的课程。"

美国心理学家奥托认为："在正常情况下，一个人所发挥出来的能力，只占他全部能力的 $\frac{4}{100}$。"这里当然也包括记忆能力。

我国桥梁专家茅以升，小时候看爷爷抄古文《东都赋》，爷爷抄完，他就能背出全文了。

三国演义里的张松，记忆力很强。张松到许昌去，杨修有意难为他，拿出一本《孟德新书》给他看，说是曹操的新作。张松匆匆地看了一遍，说这是战国时无名氏所作，蜀中 3 岁小儿也能背诵。杨修不信，张松竟一字不差地把它背诵出来，杨修十分钦佩。

著名棋手胡荣华可以不看棋盘，同时和 5 个人下棋。

法国的拿破仑，据说他能记住每一个士兵的名字和面孔。他说："没有记忆力的脑袋，等于没有警卫的要塞。"

专门研究记忆的美国专家哈利·罗莱恩，竟能在一次宴会上记住在场的 500 多人的相貌、姓名和职业。

总之，人的记忆能力非常之大。因此，认为"记多了会伤身体"的说法是没有科学根据的。

通过对学生这两种糊涂观念的辨析，我们要解放学生的思想，提高学生增强记忆力的信心和决心。

其次，为了增强学生的记忆能力，我们重点给学生讲解了多种有效的记忆方法。

（1）谐音记忆法。

"谐音记忆法"又叫做"换字法"，是通过相同或相似的字的变换，达到记忆的目的。

比如，"653037"可以谐音记为"老虎上东山去"。

电话号码"672313"，可谐音为"绿漆亮，闪一闪"。

人名"陆富朝"，可谐音为"老虎灶"。

"谐音记忆法"还可以记历史知识。如"马克思诞辰于 1818 年 5 月 5 日"，可谐音为"马克思一巴掌一巴掌（1818）打得资本家呜呜（5 月 5 日）地哭"。

还可以记地理知识。如"印度洋的面积约 7496 万平方公里"，可谐音为"旗子旧了"（7496）。

还可以记数学知识。如圆周率 22 位数为："3.14159｜26535｜897932384626"可谐音为"山巅一寺一壶酒｜尔乐苦煞吾｜把酒吃，酒杀尔｜杀不死，乐尔乐"。

这里要注意两点：

一是谐音法不是注音，而是形象。如注音，学生还是记不住的。

二是谐音必须形象，而这个形象必须越新奇越好。因为只有新奇的形象才能帮助记忆。

有人会说，这种谐音法，叫人听起来十分好笑。我们说是的，如果你笑，那说明你接受了这一种方法，这一方法已经在你身上起了作用。因为这一方法的原则是形象越新奇越好。

那么怎样进行换字（谐音）呢？曾宪礼在他编著的《快速记忆法》一书中，曾谈了 4 种换字规则，其中两条特别重要：

①尽可能找出被换的字的多种读音，然后选取自己最容易换的一个音换成汉字。如"1"可换成"衣"，也可换成"姨"、"意"。

②对字的读音无需受社会通用限制，只要自己认可就行。例如，有的人将"0"读作"蛋"；有的人读成"圆"、"圈"，都可以作为换字使用。

总之，换字是为自己记忆服务的，无需别人理解，更不是为了注音，只要自己明白就行了。

（2）连锁记忆法。

所谓"连锁记忆法"，就是利用形象将不同的事物串联起来的记忆方法。有些书把它叫做"联想记忆法"。

这种方法，是为了记忆多种词语、名称等。如下面有 10 个词语，怎样把它记住呢？

冬瓜　茶叶　　钢笔　山峰　黄牛

脸盆　电视机　电灯　棉被　玉米

用"连锁记忆法"可以这样记：

> 冬瓜里面是一支支钢笔；
>
> 钢笔套里跑出一头黄牛；
>
> 黄牛把电视机撞碎了；
>
> 电视机里装着一床棉被；
>
> 棉被里飘出许多茶叶；
>
> 茶叶遮盖了山峰；
>
> 山峰坐落在脸盆里；
>
> 脸盆下面压着一盏电灯；
>
> 电灯里没有乌丝，是一个玉米在发光。

东北三省有九大工业：

钢铁　　化学　石油　　　机电　煤炭

汽车制造　森林　机械制造　造纸

用"连锁记忆法"可以这样记：

> 通红的铁水一流出来就变成乌黑的石油；
>
> 石油流到某处就凝结成煤炭；
>
> 凝结的煤炭上突然长出大树森林来；
>
> 森林上面长着的不是树叶，而是一片片纸；
>
> 纸上画着一个个化学试管；
>
> 化学试管里装有一台大型发电机；
>
> 汽车将发电机从化学试管里拖出来；
>
> 汽车一下又撞到机械制造的大车床上。

下面有8个英语单词：

face（脸）　　　bike（自行车）

bag（书包）　　chick（小鸡）

bee（蜜蜂）　　cake（蛋糕）

bed（床）　　　　　hand（手）

怎样用连锁记忆法呢？

分两步走：

先用谐音，再用连锁记忆。

谐音：

face（脸）——废

bag（书包）——白鸽

bee（蜜蜂）——哔

bed（床）——别的

bike（自行车）——拜客

chick（小鸡）——却客

cake（蛋糕）——咳一咳

hand（手）——汗的

连锁记忆：

脸残废了（face），没脸见人了，把它藏进书包里，书包里有一只白鸽（bag），白鸽去追蜜蜂，蜜蜂"哔"（bee）一声飞走了，它飞到床上，床上有别的人（bed）；别的人骑自行车去拜客（bike），去拜谁呢？拜小鸡，小鸡不理他，关起门来却客（chick）；小鸡关起门来在家吃蛋糕，呛着了咳一咳（cake），它忙用手擦嘴，手有汗的（hand）。

我们将这些例子用于实践，叫学生当场记忆，发现效果很好，一分钟记 10 个单词是没有问题的。在家长中，我们也进行同样的试验，家长十分满意。

（3）理解记忆法。

请看下面两组数字：

①365，1992，108，1949101

②627，293，38，7162

哪一组容易记住呢？都不容易记。但是如果了解了第①组数字的含义，那么，第①组就比第②组容易记住。

第①组数字的含义是：

365——一年的天数 365 天。

1992——公元年份。

108——《水浒传》上的 108 将。

1949101——1949 年 10 月 1 日，是中华人民共和国成立的日子。

如果知道了这些数字的含义，那就十分容易记住了。而第②组的数字由于不知它是什么含意，所以很难记住。像以上这种情况，就叫做"理解记忆法"。"理解记忆法"就是联系理解某一事物的含义而进行记忆的方法。

比如，记忆地理名称比较困难，但如果能联系它的意义来记，就比较容易。

如黄河是根据河水混浊而定名的，死海则是因含盐量极大而无生物存在而定名的。河南、河北是以黄河为界定名的。包头是说"有鹿的地方"，柴达木则是"盐泽"的意思。波斯是"产马的地方"的意思，等等。

联系它们的意思来进行记忆，就比较容易理解它们，而理解了的就容易记住了。

世界上有许多事物，我们并不知道它的意义，在这种情况下应该怎么办呢？我们就要想法子把这些无意义的东西变成有意义的。比如，我们要背 $\sqrt{2} = 1.41421$ 时，如我们赋予它"意思意思而已"的意义时，就容易记住它了。

（五）孩子不会科学用脑怎么办

学习主要是用脑，不用脑就无法学习，这是大家都知道的事实。因此，怎样科学地用脑，对学习成绩有极大的关系。

一个人的大脑潜力是很大的，巴甫洛夫的学生阿纳京教授在他最后一次的公开演讲中，曾说过："没有一个活着的或曾经活着的人，能够全部或接近全部地使用了他的脑子。"

怎样才能充分地发挥脑力，合理地使用脑力呢？

1. 端正对用脑的认识。

家长对用脑，有两种错误的理解：

一是脑是天生的，用与不用一个样；二是多用脑会伤身体，会早衰。这两种看法都是错误的。我们说，脑的确是天生的，但用与不用却大不一样，多用脑只会使身体健康。心理学上的"剥夺感觉"实验，就是一个例证。这个实验在保证受试者饮食、排泄与睡眠的条件下，封闭其对外界的视、听、触等感觉。与世隔绝 3 天后，受试者就会记忆力减退、智力水平下降；如果再持续 3 天，他的思维过程与情绪状态都会出现极度紊乱。这就说明，人脑必须不断地接受外界环境的各种良好刺激，进行思维活动，才能保证它的正常运行。如果不用脑，就会使大脑衰退，脑子只有越用越灵。一些著名的科学家、文学家、艺术家，正因为他们从小就注意用脑，勤于思考，到年老时，他们的大脑并没有明显的衰退。比如古希腊剧作家福克勒斯，90 岁还写出伟大的剧本。文艺复兴时期的画家蒂蒂安 99 岁时还作画。大诗人歌德的《浮士德》是他在 82 岁高龄时完成的。哲学家、数学家罗素在 80 岁高龄以后还写了 3 部小说。喜剧大师卓

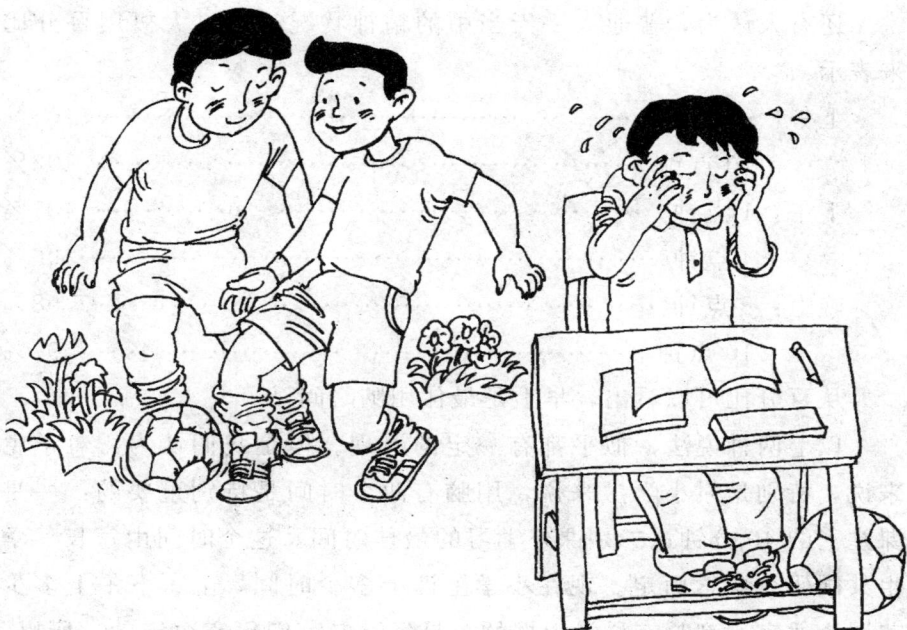

别林，77岁还拍摄《香港女伯爵》影片。百岁老人、我国著名经济学家马寅初，70岁才开始学俄文，终于可以读懂俄文版书籍，等等。

如果这些名人小时候就思想懒惰，那么他们决不可能在晚年作出如此巨大的成就。因此，家长们要注意改变对用脑的看法，教育孩子多用脑，善用脑。

2. 抓住最佳用脑时间。

最佳用脑时间是指人的大脑皮层某一区域处于兴奋状态，其他区域处于相对抑制状态，兴奋中心的优势容易形成的那段时间。

人的最佳用脑时间有三种类型。

一是"百灵鸟"型，这些人善于在早晨用脑。二是"猫头鹰"型，这些人善于在晚上用脑。三是"混合"型，这些人早、晚均可。

还有人认为，普通人一天当中的精神状况，可以大概用百分比来表示：

上午：7 点钟 ·· 105%

　　　10 点钟 ··· 102%

下午：1 点钟 ·· 101%

　　　4 点钟 ··· 96%

晚上：8 点钟 ·· 98%

　　　10 点钟 ··· 97%

从百分比可以看出，早上是最佳用脑时间。

以上两种说法，似乎都有一定的道理。但是我们认为，对学生来说，特别是对小学生来说，用脑有两个时间是特别重要的：一是课堂上的 40 分钟；二是课外学习的最佳时间，这个时间由家长、学生共同研究摸索而定。现在小学上课上多少时间，上、下午上多少节课为适宜，都是有科学根据的，是经过专家们研究决定的。所以，小学生必须在 40 分钟（一节课）内充分用脑。关于课外学习的最佳时间，可以随孩子的兴趣而定。课外用脑的一个原则是适可而止。游戏是孩子的天性，如果在课外还要违反孩子的天性，安排过多作业，效果可能并不理想。如果能引导孩子学一些他们感兴趣的内容，使他们对有兴趣的东西多动脑筋，可能会达到事半功倍的效果。

3. 防止大脑过度疲劳。

大脑活动有一定的规律，这就是大脑皮层兴奋到一定时候就会转向抑制，兴奋、抑制是交替进行的。这也就是说，大脑活动经过一定时间就会出现疲劳，这时人就会反应力下降，思考力减弱，注意力分散，记忆力减退。再重一点就会全身不舒服，头痛，头晕，食欲不振，睡眠不好，甚至可能有某些疾病发生。

大脑过度疲劳是可以防止的，防止的方法是：

①在课堂教学中，要注意掌握兴奋和抑制的规律。根据一些心

理学家研究，小学生只能保持注意力 20 分钟左右，初中生保持 40 分钟，高中生保持 50 分钟，大学生保持 1～2 小时。这就要求教师在上课时，注意这个特点，不能呆板地进行教学，要提高趣味性，注意学生的手、脑并用。

②充分利用课间 10 分钟。有些学生利用课间 10 分钟做作业，这是不妥的。课间 10 分钟，一定要好好休息，或做游戏，或散步，或谈心。要充分认识这是解除用脑过度疲劳的一种有效方法。

③课外休息的方法更多，如听音乐、下棋、练书法、绘画等。特别是听音乐，对解除大脑疲劳有较大的作用。据研究，悦耳的音乐能促使人体分泌有益于健康的激素、酶和乙酰胆碱等物质，使人感到轻松愉快，精神振奋。

体育活动，对缓解大脑过度疲劳更有作用。所以，学生的早操、课间操以及体育锻炼一定不能放松。学生每天的体育活动时间最低不能少于 1 小时。

课外时间有的学生迷恋电视，在电视机前久久不肯离去。看电视是不是休息呢？当然是的。但是时间不宜过长，时间过长，违反了大脑的兴奋和抑制的规律，对用脑反而有害，一般以看 40～50 分钟最为适宜。时间过长了，对视力也会有很大影响，好多学生视力下降，其中一个原因就是电视看得太多。

睡眠是最好的休息。睡得好，可以使人朝气蓬勃，精神愉快。睡得不好，就会使人头昏脑胀，思想涣散。睡眠和吃饭、喝水一样是不可缺少的一项生理过程。有人做过这样的实验：用两条同样健壮的狗，一条能忍受饥饿达 30 余天，另一条因缺少睡眠，忍受饥饿仅 10 天就死亡。

少年儿童的睡眠时间一般应有 8 个小时。夏天，由于昼长夜短，天气炎热，中午应午睡半小时或 1 小时。

有些儿童说他睡眠经常做梦，家长对此就十分不放心。这是对做梦的误解。其实，一般人在 8 小时睡眠之中，大约有 90 分钟到 120 分钟时间在做梦。做梦是好事，做梦的过程就是将白天接收的信息加以筛选、提取、贮存的过程。这是大脑健康的表示。相反，如果一个人从来不做梦，那倒是坏事，可能大脑某一机能隐藏着危机。

4. 要养成勤于动脑的习惯。

在这方面，中国科技大学少年大学生施展的父母，教育和培养施展动脑习惯的做法，给了我们极大的启发。

1967 年 5 月，小施展出生了。从他咿呀学语起，父母就很注意对他进行早期教育，培养他动脑的习惯。有一次，舅舅在下棋，妈妈就把施展抱到棋盘旁边，教他认棋子上写着的"车"、"马"、"炮"。到四岁时，为了启发施展对学习的兴趣，父母在家具上都贴上了字块。桌上贴了个"桌"字，箱子上贴了个"箱"字，木柜上贴了个"柜"字……这些实物和字块引起了小施展的兴趣，他很快就识字了。

父母还通过日常生活教小施展数数，提高他做算术的动脑能力。去商店买油盐，便带上了小施展，让他去看售货员打算盘，做计算。很快，孩子对奇妙的阿拉伯数字产生了兴趣。回到家，父母便教他学简单的加减法。

过春节，父母忙着做汤圆，母亲问小施展：

"数一数，做了多少个？"

"28 个！"小施展一一数完了，响亮地回答。

"再做几个，每人才能吃到 10 个汤圆呢？"母亲启发他。

"再做两个就够了！"

当孩子再长大一些，父母就让施展独自到商店里买油打醋，培养他的动脑能力。每次买东西回来，施展报账一清二楚。7 岁那年，一天中午，父母带他到工厂去，工人们把买大饼的任务交给施展。

不一会儿，施展买了回来，并把找回的钱、粮票一一分给工人们，没有半点差错，博得了工人们的称赞。

经过日积月累动脑的培养，施展终于在 13 岁时就考上了中国科技大学少年班，成了一名大学生。

这些事例说明，孩子的动脑习惯，是靠父母从小的培养。

5. 要教会孩子一些常用的动脑方法。

常用的动脑方法主要有下面几种：

（1）常规突破法。

下面有 9 个点，如图 1 所示。你能用一条折线一笔将它们串连起来吗？

图 1

可以如下图连接：

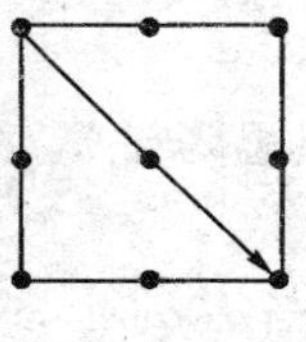

图 2 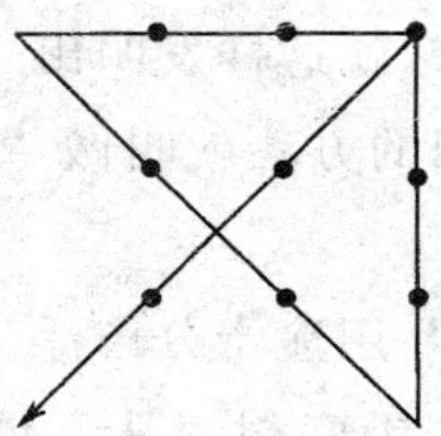　　　　　图 3

如果见 9 个点组成的是四方形，就想以四方形的方式来画四条线，如图 2，那么，一定不会成功。为什么？因为这种动脑的方式没有突破常规的方法，所以不会成功。而现在如图 3 的解答就打开思路，突破了常规，所以答案获得了成功。像这样一种动脑方法，我们就叫它作"常规突破法"。所谓"常规突破法"就是原来的常规方法不能解决问题，就必须突破它。我们大家熟知的曹冲 7 岁称大象的故事就是运用了"常规突破法"。因为当时没有那么大的秤可用来称象，所以大臣们束手无策。而曹冲虽然是个孩子，他却突破了这个常规，用石头和船解决了难题，获得了大家的称赞。曹冲的事例很生动地说明了"常规突破法"的特点。

（2）联想思考法。

青年发明家弓瑞生，因发明"牛胃取铁器"而被人们称为"牛专家"、"牛工程师"。

弓瑞生发明"牛胃取铁器"，起因于一个偶然事件。1980 年，他向生产队借了一头牛，拉一车煤给在农村插队落户的爱人送去。途中，他买了一捆菠菜和一包铁钉，休息时顺手放在路旁，自己只管看书，待继续赶路时，才发现菠菜和铁钉都被牛吃掉了。弓瑞生急得满头大汗。怎么办？他苦思冥想，突然想起邻居家孩子用磁铁从木头缝里吸出铁钉的事，这时他眼睛一亮，他想孩子能用磁铁将铁钉从木头缝里吸出来，我用磁铁不是也可以从牛胃中吸出铁钉吗？于是他用一块核桃大的磁铁，拴上一根长绳，送进牛胃，吸出了铁钉。"牛胃取铁器"就这样发明出来了。

弓瑞生所使用的方法就叫做"联想思考法"。它是从甲物联想到乙物的方法。

"联想思考法"用途十分广泛。德国气象学家魏格纳就是从墙上的一幅世界地图产生联想，从而创造了"大陆漂移说"的。有一次他在阅读世界地图，看到大西洋两岸能很好地拼合在一起。为什么会分离开来呢？他想这是由于大陆漂移的结果。于是，经过调查研究，从而创造了"大陆漂移说"。

"联想思考法"对小学生也十分有用，特别是在作文方面。为什么有些小学生作文内容不丰富呢？就是因为他们不善于联想，不善于从某一件事联想到另一件事；不会从一个人联想到另一个人；不会从静态的物联想到动态的物；不会从地上想到天上，总之，不会浮想联翩。这样，作文内容必然贫乏、枯燥无味。

（3）找出矛盾法。

历史老师给学生们讲古代罗马人的故事。

老师说："罗马有一条很宽的河流，罗马人为了锻炼身体，每天都到河里游泳。有一个人，每天在吃早饭以前，都要横渡这条河3次。"

一个女学生听到这里，大声笑了起来。

老师生气地说："你笑什么？我的话有什么可笑的？"

女学生说："老师，他应该横渡4次，因为他的衣服还在河这边呀！"

这个女学生所用的动脑方法就叫做"找出矛盾法"。找出矛盾，就是找出问题，这是常用的一种动脑方法。这种方法对小学生也十分有用，如果他能找出书本上存在的问题，找出作业上存在的问题，那么，解决了这些问题，他就会取得很大的进步。

（4）推论说明法。

有一天，一个老汉冒雨到杂货店里买东西，老汉手里拿着一把伞，可他的肩膀、后背都湿透了。

店里小伙计就问他：

"你是从东北方向来的，是吗？"

"是的。"

"你姓李，是吗？"

"是的。"

"你是来给孙子买东西的，是吗？"

"是的！"

老汉惊奇地问小伙计："你是怎么知道的呢？"

小伙计就把他如何推论的理由说了出来，说得老汉心服口服。

小伙计对老汉说:"今天吹东北风,你的肩膀、后背湿透了,所以知道你是从东北方向来的。你伞柄上刻着李字,所以知道你姓李。除了孙子缠着你要乒乓球,还有谁呢?"

这小伙计用的动脑方法就叫做"推论说明法"。"推论说明法"是通过推论来说明一个道理,或证明一个道理的方法。

数学常用这种方法,不然数学无法证明。所以这种方法对小学生也是十分有用的。

(5)组合思考法。

1877年的一天,爱迪生将一张上面画着锡纸圆筒、螺旋杆、带有尖针和薄膜圆头的图纸交给一个工人去制造。这个工人虽然根据要求把爱迪生需要的东西制造了出来,但他不懂得这是个什么东西。当爱迪生把这台"会说话的机器"拿到《科学美国人》杂志编辑部去表演时,各报记者都来观看,盛况空前。爱迪生把尖针放在锡纸圆筒上,转过圆筒,发出记录在锡纸上的说话声音,大家无不热烈欢呼。这就是爱迪生发明"留声机"的故事。

爱迪生所使用的思考方法就叫做"组合思考法"。"组合思考法"是将不同的事物组合在一起的动脑方法。在小学生中,美术、手工等课程经常使用这种方法。

以上是一些常用的动脑方法。小学生如果能掌握这些方法,他们会比一般的孩子动脑子多了。

(六)孩子做作业不认真,常出现错误怎么办

为了使孩子做作业认真,避免出现错误,可以从以下几方面入手。

（1）认识做作业的重要性。

作业是学过的知识的结晶，做作业是对知识的巩固，所以做作业在学习过程中十分重要。离开了做作业也就不会有好的成绩。因此，做作业认真不认真，反映了一个学生的学习态度。可以这样说，凡是好学生都是重视做作业的，做作业也都是十分认真、不怕艰苦的。在这方面，许多少年大学生给我们树立了榜样。比如，13 岁就考取科技大学的宁铂，就是这样一个学生。

他除了老师讲的内容要消化，要理解，布置的作业要做完以外，在课余时间还给自己加码，出点难题。高考前，宁铂光数学题就做了 1300 多道。做作业时，他更是一丝不苟，出现错误，一定要加以改正，决不马虎，所以他的学习成绩很好。

下面再请看北京市三里河第三小学的少先队员们，他们为了正确地对待作业，特意访问全国科协副主席茅以升爷爷。茅以升是我国著名的桥梁专家，浙江省钱塘江大桥就是他设计的。

慈祥的茅爷爷像对小孙子那样亲切地问大家："孩子们，学习好吗？作业做得怎么样？"同学们一面争着把作业本递给茅爷爷看，一面对茅爷爷说："我们有的同学怕做作业，认为做作业是为了老师和家长，做不好要挨批评。"有的说："我做作业很马虎，掉个标点符号或小数点，认为没啥了不起。"有的同学不好意思地说："抄作业不对，但碰到难题，抄一下也可以吧！"

茅爷爷听了说："孩子们，不要轻视作业呀！做作业是为了巩固课堂上学到的知识。我像你们这么小的时候，也每天写作业。"他用手指着桌上一叠厚厚的稿件，说："现在，我 80 多岁了，每天还要做作业哩。"同学们凑过去争着看起来，"哟，茅爷爷的字写得多么工整啊！"

这时，茅爷爷风趣地说："现在我没有爸爸、妈妈和老师了，每天做作业是为了谁呢？我是为了祖国四个现代化建设，要活到老，

学到老，写到老嘛！"同学们听了很受感动。

这时，不知谁说起茅爷爷能背得出圆周率小数点以后的百位数值。在同学们的要求下，茅爷爷只用了两分钟时间，就把它写出来了。同学们惊讶地说："茅爷爷年纪那么大了，记忆力还那么好！"

茅爷爷笑着说："小时候，我记这些数字可下了苦功哩！求学问，要一丝不苟，做作业也应该一字不苟。抄作业似乎是省劲儿，实际上是骗了自己。不通过自己辛勤的劳动，是学不到知识的。以后，你们遇到难题，要自己动脑筋去思考，脑子越用越灵活嘛！"

最后，茅爷爷指着胸前的红领巾，语重心长地说："孩子们，每天看到红领巾，就要想一想：作业认真做了没有？不认真做作业，对不起红领巾啊！"

队员们回答说："茅爷爷，请您放心，我们一定记住您的话，认真做好作业。"

请看老一辈的科学家，他们对做作业是多么认真啊！茅以升爷爷虽然已经去世了，但他的话将永远记在人们的心里。我们就是要用茅以升的动人事例来教育我们的孩子认真做作业。

（2）对孩子应该严格要求。

如果不严格要求，孩子就不可能认真做作业。这是做好作业的一个关键。无数事例也充分证明了这一点。中国科技大学少年班的曹一斌同学在这方面体会就很深。在一篇文章中，他这样写道：

"妈妈对我的学习抓得很紧。我的每次作业，妈妈都要仔细检查。有一点小错误，我就得被她狠狠地批评一顿，还挨罚订正10遍，那时我常常是含着眼泪认认真真地订正作业。妈妈的严格要求，使我学习认真仔细，成绩总是名列前茅。在小学所有的考试中，我只考过一次98分，一次99分，其他都是100分。"

请看，严师出高徒，严教出好孩子。那些一味姑息溺爱孩子的父母，是决不可能培养出好孩子的。这可以说是一条培养孩子的规律。

（七）孩子的字写得不好怎么办

根据我们的统计，小学生中能写好毛笔字、钢笔字、铅笔字的只占5%。所以，学生的字写得不好，是一个普遍存在的问题。

学生为什么会写不好字呢？原因很多，如不重视写字，认为写字好不好无所谓等等。除了要端正学生的写字态度以外，如果能做到下面两点，那对学生写好字会有很大帮助的。

（1）写字的姿势要端正。

湖南省平江县长庆乡西桥小学有个姓李的小学生，就谈到了这方面的体会。他说："以前，我写的字总是东倒西歪，小的像蚊子，大的像苍蝇，爸爸说是画鸡爪子。"

"我下决心练习写字，开始劲头挺足，但收效不大。后来我找到了毛病：是写字姿势不端正，眼睛离桌面太近，像打鸟镜，歪着头，斜着眼，写出来的字就歪歪斜斜。后来，我改正了这个毛病，再经过练习，字就写好了。"

由此可见，写字的姿势十分重要。姿势不对，距离不对，怎么能写好字呢？

我国古代的大书法家十分注意练字的姿势，比如唐代的著名书法家颜真卿就是这样。为了悬空握笔，他就加强臂力的练习。据《唐语林》一书记载：颜真卿 75 岁高龄时，还能双手握在两把藤椅背上，上下活动数百下。他这样大的臂力，写字时当然不会东倒西歪，写字也不会无力了。

（2）勤练才能把字写好。

在这方面我国古代就有许多趣闻轶事。

比如，以"书名雄天下"的文微明，是我国著名的书法家，也是著名的画家。据传他的字画，在当时刚一传出，就有人"千临百摹"，以至"家藏市售"，真伪莫辨，可见其影响之大了。

可是，文微明小时候并不特别聪明，青年时字也写得不好。在参加生员考试的时候，因为字写得不好而落选。但他并没有灰心丧气，而是勤学苦练，决心把字写好，并规定自己每天专心临摹智永（晋代大书法家王羲之的七世孙，书法家）的《千字文》小楷一遍，从不间断，以至养成了习惯。就是后来他成了著名的书法大师，也还是每天写一遍，到老不改。

我国文学史上被誉为诗、书、画"三绝"的唐代著名学者郑虔，是一个博学多才而又勤奋好学的人。

由于他每天练字，需要大量的纸，困难很大，他就想别的法子来解决。这时，他听说长安城南的慈恩寺里，贮存有几屋柿叶，便搬到那里去住。每天取出些柿叶，写了正面，又写反面，长年累月，差不多把柿叶写完。由于他勤学苦练，书法大进，受到了当时学者的称赞。

后来，他画了一幅画，并题了诗献给唐玄宗，唐玄宗看了以后，拍案叫绝，亲笔写了"郑虔三绝"四个字。唐代诗人杜甫非常器重他，和他结成很要好的朋友。

晋代大书法家王羲之的儿子王献之，也是我国古代著名的书法家。

王献之小时候，看到父亲写得一手好字，心里非常羡慕，也很想学好书法，便向他父亲请教写好字的"秘诀"。

王羲之听了以后，郑重其事地对他说："你想知道写字的'秘诀'吗？就在我们家那18缸水里面。你把那18缸水写完了，'秘诀'就出来了。"

王献之听了父亲的话以后，知道写字和其他的工作一样，不是可以侥幸成功，而是要付出艰巨的劳动的。从此，他勤学苦练，坚持不懈，终于成了有名的书法家。

以上事例说明，要把字写好，就要向这些古人学习，要勤学苦练。

（八）孩子迷恋游戏机，影响学习怎么办

自从玩具诞生以来，没有哪一种玩具能像电子游戏机那样，既使儿童着迷，又使成人上瘾。在国外，电子游戏机迷多数为成年人，而在我国，大多数是青少年。由于电子游戏机的价格能为一般人所接受，它正从街头巷尾的游戏室向家庭渗透。

每逢孩子生日，或为了鼓励孩子更好地学习，或逢年过节表示庆祝，好多家长喜欢购一台电子游戏机赠送给孩子。他们满以为这样做可以提高孩子的学习成绩，培养孩子的聪明才智，可是他们却渐渐发现，他们的希望落空了。孩子成了游戏机迷，学习成绩渐渐下降了。这时，家长们对着迷恋游戏机的孩子只有埋怨、苦恼，而又不知怎么办才好。有些孩子利用游戏机进行赌博，上当受骗，赌输了，偷家里的东西出去变卖，让家长们叫苦不迭。

应该怎样解决这个苦恼的问题呢？是不是从此以后把游戏机毁掉，或者把它封存起来，不让孩子们玩呢？这并不是一个好办法。根据一些研究电子游戏机专家的意见，可从两个方面入手解决这个问题：

（1）正确认识游戏机的作用。

在家长购买游戏机的种种理由中，有益于孩子的智力开发被放在第一位，也就是说，家长对游戏机充满着希望，希望游戏机对孩子有所帮助。那么，玩电子游戏是不是一定可以开发智力呢？东南大学电气工程系有一位副教授回答说："不可一概而论。"

这位教授是专门从事人工智能研究的。他说，电子游戏机的出

现是现代科学技术发展的结果，标志着人们的娱乐方式进入了高层次。它之所以受欢迎，是因为它的开发者摸透了人们的求知欲望、猎奇本性和好胜心理。

目前市场上流行的电子游戏机，大致可分为几类：一类是智力型的，如与机子下棋、走迷宫等，培养逻辑思维能力；一类是教育型的，如开飞机坦克、搭积木等，获取飞行、建筑等常识；一类是娱乐型的，如排除障碍，擒妖降魔或赛车等；还有一类是混合型的，兼具上述几种功能。

现在最受欢迎的是娱乐型的。玩者只是机械地敲键盘，充其量只锻炼了玩机者的机械反应能力。这种锻炼对大脑的帮助，对智力的开发远比不上打乒乓球、骑自行车等体育运动。

以上说明对电子游戏机的作用不能夸大，应实事求是。它只是给孩子一个有趣的、形象的游戏伙伴而已，并没有起到开发智力，增长孩子聪明才智的作用。如果由孩子自己编制游戏程序，这也正说明孩子的智力已超过了游戏机，游戏机的作用对孩子的影响就不是太大的了。因此，每一个家长在认识了游戏机的作用以后，就不要对游戏机抱有过多的希望。

（2）正确引导孩子对游戏机的迷恋兴趣。

东南大学的一位副教授说："青少年迷恋电子游戏机并不奇怪，一味限制解决不了问题，问题的关键在于正确地引导。引导的方法有两个：一是心理引导。要引导孩子不要从竞争心理向赌博心理发展。要向孩子说明，一旦玩电子游戏机变成了赌博，那就失去了玩游戏机的本意。而赌博是十分危险的，有些青少年就是从赌博开始走上犯罪道路的。二是具体指导，要把孩子的注意力吸引到计算机方面上来。具体指导他们自己设计编制游戏程序，以了解计算机的工作原理、工作方法，如能做到这一步，孩子的知识水平和精神境界就因此会有很大的提高。如果家长对计算机方面并不太熟悉，可以请教这方面有特长的同志，求得他们的帮助。"

总之，孩子迷恋游戏机，有心理因素，也有具体问题。必须认真地想出一切办法来加以解决，以免影响孩子的学习和成长。

（3）要保护孩子的眼睛。

儿童玩电子游戏机对眼睛的健康产生很不利的影响，这点应特别引起家长的注意。专家们的调查和研究结果表明：①儿童玩游戏机时，眼睛离屏幕的距离明显短于观看电视节目的距离。②在玩游戏机结束时，有 59.8% 的男小学生和 69.2% 的女小学生诉有眼睛疲劳症状，而且随着玩的时间的延长，发生眼睛疲劳者增加，其中离屏幕距离不到 1 米者，发生眼睛疲劳者最多。③有 26.2% 的男小学生和 32.2% 的女小学生的视力出现减退现象，随着玩的时间的增加，男小学生视力减退者增多，尤其玩 120 分钟以上者，视力减退者明显增加。屏距不到 1 米者，无论男小学生或女小学生，视力减退者都较多。④玩游戏机时，眼球运动的速度和频率明显超过从事电脑文字排版时眼球运动的速度和频率，玩游戏机时眼球的工作负荷较重。

因此，为了防止玩电子游戏机影响眼睛健康，专家们提议：屏距至少要在 1 米以上，时间不超过 1 个小时，同时插入短暂休息。

（九）孩子迷恋网吧怎么办

泡网吧比玩电子游戏机的危害性严重得多。请看下面一些血淋淋的事实。

实例 1 西安一名 15 岁少年偷走家中 5000 元钱，从 2002 年 8 月 30 日新学期报名时开始，一直泡在网吧玩游戏。10 月 23 日晚家人找到该少年时，他已经瘦得皮包骨，其母对网吧不负责任的行为气愤不已。

该少年的母亲袁女士讲，儿子汪某今年上初中三年级，学习成绩一般。该年 8 月 30 日新学期开学，家人给了汪某 400 元钱报名费，谁知汪某竟将家中的 5000 元钱偷走，一去不回。家人知道他痴迷网络游戏，就一直在网吧寻找。9 月 17 日终于在西稍门附近一网吧发现汪某，但汪某被带回家后只洗了个澡就再次失踪。夫妻俩和亲戚朋友在西安大大小小的网吧里寻找，但一点结果都没有。直到 10 月 23 日晚 8 时，才在一个网络俱乐部找到汪某，发现汪某正在那里上网，与他一起长期泡网吧的还有 4 名少年。

记者在俱乐部的大厅里见到汪某时，他正缩在沙发里，脚穿一双游戏鞋，衣服和手、脸污秽不堪，眼圈乌黑。1.7 米的个头看起来不足百斤。汪某说，9 月 17 日他再次离家出走后，就一直泡在这里。饿了，多加上 5 角钱，网吧服务员会给他叫饭，累了就在网吧胡乱睡一会儿。他还结识了同样包月上网的 4 名少年，其中最小的只有 13 岁。汪某说，他两年前开始上网，之后再也无心学习，现在他身上只剩下 200 元钱。

袁女士向网吧所在地派出所报了案，民警前来处理，命令网吧将汪某的 5000 元钱退还。俱乐部负责人承认错误，并接受处罚。

实例 2　2002 年 8 月 2 日晚 7 时许，通州市刘桥镇派出所负责接待的民警获悉，该镇双渡村 73 岁的老妇潘扣姑被人砍死在家中，现场惨不忍睹。通州警方刑侦部门立即赶赴现场，经紧张走访，获

悉死者的孙子潘某当天下午开一辆摩托车匆匆外出，去向不明。警方了解到潘某嗜好泡网吧后，立即向南通市公安局刑警支队和110指挥中心求助。当晚10时许，在某网吧附近发现了潘某所骑的摩托车。通州警方随后速到网吧内，将正在网吧里玩游戏的潘某当场擒获。

一年多前，在读初中二年级的潘某辍学以后，经常出入南通市区游戏机房、歌舞厅及网吧等场所。8月1日晚，潘某在南通市区玩了一整天的游戏机后，打车到刘桥镇同村的姑妈家，因无力支付75元车费，只好向七旬姑妈要钱。潘老太没有办法，凑了60元钱才将其打发走。次日午饭后，潘某借故支走12岁的表弟，又伸手向姑妈要钱去上网，反被潘老太狠狠数落了一番。潘某恼羞成怒，操起厨房里的菜刀，丧心病狂地对姑妈一阵狂砍，致其当场惨死在血泊之中。其后，潘某在姑妈家中翻到500多元现金，骑着姑妈家的摩托车再次向某网吧疾驶而去。案发10小时后，潘某被警方快速抓获，他将受到法律的严惩。

实例 3 2002 年 4 月 3 日，在学生们纷纷加紧复习迎考之时，南昌市豫章中学高三（4）班一位叫余斌的 17 岁学生，却因沉迷网络游戏过度紧张、激动，猝死在南昌市船山路上的"辉荣网吧"里。

据事发当时坐在余斌旁边的一个名叫熊凯的年轻人说，4 月 3 日 17 时 30 分，他来到辉荣网吧，看见余斌坐在 30 号机子上玩游戏。几分钟后，他听到"砰"的一声，接着看见余斌往后倒在椅子上，两手不停地抖动，口喘粗气。经送医院急诊科检查后宣布余斌为"临床死亡"。

这名高中三年级学生迷恋网络游戏猝死网吧的事件，在南昌市引起了强烈的社会反响。余斌父亲是南昌市一国有企业的职工。在他和妻子的眼里，儿子每天早上 7 点多钟离家"上学"，中午 12 点 30 分回到家，下午 1 点 15 分"上学"，又按时回来。直到儿子猝死在网吧后，自己才知道平时很听话的儿子，几个月来根本就没有去学校上课。他父亲说，算算儿子沉迷网络游戏的时间可以追溯到1月份。余斌虽然从小喜欢玩游戏机，但以前从不旷课。父母对儿子管教是很严厉的，不但规定了儿子每天回家的时间，还为儿子配了寻呼机，利用回电话的地点来算儿子放学后到家的时间，但万万没有想到儿子仍然在骗父母。余斌的父母在进行自责内疚的同时，悲愤地向社会发出了"三问"：

一问学校对学生的监管为什么如此粗放。据余斌的班主任称，余斌寒假补课就没有到学校上过课。余斌的父母非常纳闷：为什么在几个月时间里，家长没有得到来自学校、老师的任何反馈信息。尤其是高考在即，学校老师对一个高中三年级学生长时间缺课不闻不问，这究竟是对升学无望的学生的故意放弃，还是老师工作不细？

二问网吧门口的"未成年人不得入内"的告示为什么形同虚设。余斌的父亲说："余斌每天都是背着书包上网吧的，对一个背着书包连续几十天在上课时间到网吧上网的学生，如果网吧经营者有起码的良心，就应该从影响身体、影响学习的角度提醒他呀！整天泡在网上玩一些刺激的游戏，即使是正常人、成年人也会受不了的，他们就赚得下这个黑心钱？"

三问青少年迷恋网吧的问题为什么得不到有效遏制。一些网吧至今还在沿用前两年的游戏室"吃、喝、玩"一条龙服务的习惯，为上网者提供夜宵、零食、睡觉、赊账等方便，让小孩子沉溺在血腥、暴力、恐怖的游戏当中。余斌父母对记者说："网吧问题不治理好，会严重地影响下一代的健康成长。我儿子走了，但还有很多青少年至今还沉迷在网吧游戏室里。"

以上例子可以看出，网吧已成了孩子的"电子海洛因"。网吧对孩子的负面影响，主要有五个方面：第一，网吧成了青少年感受、实现自我的场所；第二，网吧成了青少年寻找精神寄托的场所，在现实中得不到满足，便在虚拟世界里沉沦。有的孩子从聊天发展到网恋，有的甚至利用网络行骗；第三，网吧成了青少年寻找刺激、猎奇的场所；第四，网吧成为青少年忘却生活烦恼的"防空洞"。生活不顺利，时间没法打发时，他们首先想到网吧，有的甚至通宵达旦沉迷其中；第五，上网滋生青少年开支的"黑洞"，极易诱发犯罪。

孩子迷恋网吧该怎么办呢？

第一，加强网吧的管理。各个网吧都要遵守"未成年人不准进入网吧"的规定，从根本上杜绝少年儿童进入网吧。而这就需要执法部门的检查和广大人民群众的举报监督。对违规的网吧要处以重罚。

第二，孩子迷上网吧，不能一味地打骂。一些家长在孩子沉溺网吧难以自拔后，往往用打骂的方式，这样不但没有效果，反而引起孩子更多的反感。父母应该对孩子加强网上道德教育，增强孩子们的安全防范意识，防止其深陷其中难以自拔。不妨与孩子签订一个"君子协议"，如允许孩子去网吧，但家长要规定孩子上网的时间，孩子要告诉父母上哪个网吧，上网干什么。如果孩子违反了，就要受到减少上网时间的惩罚。

第三，对那些在网吧里玩网络游戏、聊天有如吸毒成瘾一样的孩子，应强制他们离开网吧一段时间。父母们一定要给孩子讲清上网的危害，取得孩子们的配合，还应多陪着孩子参加一些健康有益的活动，克服孩子对网吧的依恋心理。如果孩子的网吧成瘾症很严重，要让他们去心理医生那里寻求帮助。

第四，要了解孩子常去的网吧，教育孩子不要去非法网吧，黑网吧是是非最多的地方。

第五，经济条件许可的话，可买电脑给孩子上网。父母自己也应学习电脑，这样有利于指导孩子上网。

（十）孩子不会写作文，自己又不能辅导怎么办

孩子不会写作文是一个普遍现象。怎样解决这个问题呢？这就要做到两个方面：一是讲，二是练。所谓"讲"，就是要对孩子讲怎样写作文的基础知识；所谓"练"，就是要求孩子经常练，反复练。下面分别加以说明：

写作文时要注意三个问题：

（1）确立主题。

什么是主题？主题就是一篇文章的中心，就是作者在文章中所要表示的意思。这是很重要的。如果一篇作文没有主题，那么别人就不知道你这篇文章说些什么，文章就没有说服力。有一些学生写作文时犯了记流水账这个毛病。相反，如果一篇文章主题明确，那说服力就十分强。

请看河北省唐山市开滦林西矿第二小学六年级学生李志辉的一篇作文。

一台电子表的遭遇

我对什么都有一种好奇心。以前，我出于好奇，弄坏过收音机，虽然受到爸爸的批评，但我仍然对一些小玩意儿感兴趣，总想看看里面的奥秘。这次我又在出神地端详着爸爸新买的台式电子表，想再冒一次险——把表拆开，看个究竟。

我开始"工作"了。正好，爸爸、妈妈都上班，这给我的冒险行动创造了很好的机会。万事开头难，该从哪里入手呢？对！有办法了。我索性先把表的后壳撬了下来。可往里一看，又愣住了，里面的零件我怎么没见过呢？我顿时有点慌，真想不拆了。可表壳儿

都拿下来了，怎么能半途而废呢？我壮了壮胆，继续"工作"起来。再拆什么呢？对了，该拆电池了，我边嘀咕边拆着。

就这样，我把零件一个一个地拆了下来，最后一狠心，把电路板也拿了下来。这下可坏了，电子表散了架子，全摊在桌子上了。又怎么把它们安装起来呢？我把这些小零件翻来复去地看，乱摆弄了一阵子，可怎么也安装不上。这一来，我可傻了眼，顿时吓出一身冷汗。我一个劲儿地责怪自己太笨，可已经走到这步了，又有啥办法呢！

为了掩人耳目，我把拆坏了的电子表藏了起来。这时，我的心还是有些忐忑不安。因为爸爸上班是要看桌子上这台电子表的。

就在这天晚上，爸爸发现电子表不见了，连忙查问。我承认是自己弄坏了。结果是可想而知的，我被狠狠地训了一顿。

第二天，爸爸把电子表送进了修表店。听爸爸回来讲，修表师傅一看，就十分惋惜地说："这台电子表缺一个零件，又很难配上，恐怕修不好了。"

从此，这台电子表便报废了，它默默地躺在抽屉里。每当我看到它时，就感到又后悔，又惋惜……

这件事，使我很受启示，也给了我一个教训：好奇不等于探索，钻研更要借助于知识，不踏踏实实地学习科学知识，盲目地瞎干，终究是要碰钉子的。

这篇作文的主题很明确，就是通过乱拆电子表，说明不能盲目瞎干，要好好学习科学知识。所以，这篇作文说服力很强。

（2）选择材料。

什么是选择材料呢？就是选择一些很能说明主题的具体事例来表现主题。《一台电子表的遭遇》所选的材料就很好，很有代表性。通过这一材料，充分地说明作者的写作目的。

那么，好的材料从哪里来呢？它是不会从天上掉下来的，这要靠自己去寻找，去积累。特别是不要忽视身边的小事，因为它们很可能是十分有用的作文材料。请看下面这篇作文。

送 虾

星期天的早晨，妈妈带着妹妹去买菜，家里只剩下我看家。

不大一会儿，妈妈就回来了，妹妹高兴地对我说："哥哥，妈妈给你买虾回来了！""是吗？"我最爱吃虾，正像妹妹给我起的外号那样——"吃虾大王"。"健健，快帮我来挑虾。"妈妈传下了"圣旨"，我忙跑过去，蹲在地上，挑起大虾来。"妈，咱们今天做'油爆虾'吧。""嗯。""太好了！"我高兴得蹦了起来，妈妈和妹妹都被我这个样子逗笑了。

虾在我的手下分开了：左边的一大碟是大虾，右边的一小碟是小虾。开始爆虾了，妈妈在锅里放了许多油，一会儿便炸好了，我偷吃了一个，嘿！又脆又香！

眼看一顿美餐就要到嘴了，谁料想妈妈竟让我把大虾给奶奶送去，留下小的自己吃。我说："妈，你知道我有心脏病，大夫不是说平时要增加营养吗？""你有病增加营养，这小虾不是一样吗？奶奶年纪大了，难道就不需要营养吗？做晚辈的应该时刻尊重、挂念老人才对。"妈妈说得对。可是这油黄的大虾我真舍不得送去，妈妈见我磨磨蹭蹭的不肯去，有些生气了："你要不去，我去！"唉，我只好去送虾。

乘上汽车很快就到奶奶家了，我刚走进院子，"哟，健健来了！"随着声音，奶奶掀开门帘走了出来。"奶奶，给你虾。"奶奶接过虾子说："今天这虾子怎么都是大的？一定是你妈让你挑的吧？唉，上次我和你妈说话时顺便提到，没想到她倒记住了，谁说媳妇不如女儿？对，还有你这个好孙子……"

奶奶的话使我感到羞愧，我脸上火辣辣的，我……

（天津市朱家花园小学生王欣《少年之声报》）

有些同学常常为写作文没有材料而苦恼。读了此文以后，我们可以知道，材料就在生活中，就在你身边，关键是你要善于观察、发现。

（3）注意表达方式。

表达方式就是表现形式，表现形式就是用材料把观点表达得更突出。同样的材料，同样的观点，如果一个表达得好，一个表达得不好，效果是大不一样的。而表达从来就没有一个刻板的模式，是灵活多样的。这就需要苦思冥想，艰苦劳动，不能马虎从事。有些作文表达得好，就是孩子努力的结果。

请看下面一篇小学生的作文。

我的妈妈

俗话说："有其母必有其女。"可我认识的小朋友们都说，我不像我妈妈。

这可得从多方面来讲。论长相，我们娘儿俩几乎是一模一样。论脾气性格，那可就不同了：妈妈办事细心认真，有耐心，井井有条；而我办事粗心马虎，太急躁。论学习，妈妈很努力，很刻苦，取得好成绩从不骄傲；而我，在班级里，学习还算可以，但是遇到难题，不仔细考虑就问爸爸、妈妈，取得好成绩就骄傲自满，用郝老师的话来说，就是"飘飘然"了。比手巧，妈妈做饭、缝衣样样行，我们穿的、戴的，大都是她做的，家务活也样样精通。而我，长这么大了，连纽扣都不会钉……

妈妈在厂里可能干了！厂里的黑板报，就是妈妈办的。她的办公桌上，堆着许多表格……妈妈在厂里经常忙得不可开交。

以往，我总认为，只要学习好，别的事嘛，无关紧要，所以在家中什么事也不愿干，只顾自己看书玩耍。妈妈经常说："德、智、体、美全面发展，也包括劳动品德。光学习，不劳动，什么时候才能实现'四化'？"经过妈妈的多次教育，看到妈妈又上班，又忙家务，心里很过意不去。我在妈妈的耐心帮助下，开始学干家务活了。先从扫地、擦桌子开始，后来学会了洗碗、拖地板、收拾屋子。现在，我能洗自己的衣服了。这当然和妈妈的帮助是分不开的。

平时，妈妈对我们可严了！期末考试，我的语文考了全班第一，我高兴地跑回家得意地告诉了妈妈。妈妈先是笑笑，点点头，然后语重心长地说："你的成绩在班级里算是好的，但在全年级、全校、全市、全省，还有比你更好的。千万不能骄傲，要继续努力，泥多佛大嘛！"我重重地点了点头。是啊，功夫下得越深，成绩就越大！

人人都说我有个好妈妈，我也是这么想的。

（《小学生作文》1984年第12期）

这篇作文主要是赞妈妈，但他没有陷于老一套的写法，而是从对比入手，从脾气、性格、学习、劳动、工作等方面找出"我"和妈妈的差距，从而刻画出了一个勤劳、能干、善于教育孩子的好妈妈的形象。同时，文章的开头和结尾也别具一格，比较新颖。

由于写法好，这篇作文的材料和观点虽是一般，但写得还是比较生动的。

由此可见，光有材料和观点还不够，还要有好的写法。

最后，除了上面的三点以外，要想使孩子的作文提高得更快，作为家长自己也应多读一些有关作文方面的书籍，自己也要经常写一些作文，给孩子做示范。身教重于言教，做人如此，写作文也应如此。

（十一）家庭环境不适宜，影响孩子学习怎么办

什么叫家庭环境适宜与不适宜？美国著名教育家布鲁姆和他的助手研究出了一份"问题表"。这份"问题表"登载在美国《读者文摘》上，现转引如下：

请回答下列问题。如果一个问题符合你的情况，并且几乎一贯如此，记2分。如果只是有时候如此，记1分。如果极少如此或根本不如此，记0分。

①我家的每一个成员都有一项家庭职责，至少有一件家务事是必须按时完成的。

②我们全家的吃、睡、玩、工作和学习都是有时间规律的。

③完成学校作业和读书等都优先于玩耍、看电视或其他一般事务。

④孩子取得好成绩及时表扬，有时是当着外人的面。

⑤我的孩子有个安静的地方学习，有专门的书桌和课外书籍，包括一本词典或其他参考书。

⑥我们的家庭成员共同谈论自己的癖好、体育运动、新闻、正在读的书以及看过的电影和电视节目。

⑦全家参观博物馆、图书馆、动物园、历史纪念地和其他古迹名胜。

⑧鼓励良好的说话习惯，帮助孩子使用正确的字眼和语句，乐于接受新的词汇和表达方法。

⑨在用餐或其他日常活动时，我们一起谈论一天中发生的事情，每一个人都有说话的机会。

⑩我了解孩子的现任教师，孩子在学校的课程和使用的教材。

⑪我了解孩子的能力和弱点，在他们需要时给他们特别的鼓励与帮助。

⑫我同孩子谈未来，谈上中学和上大学的准备，谈获得高深知识和相应职业的目标。

　　将上面所记分数相加，如果分数在 14 分以上，你的家庭对于孩子的学习是有利的。如果分数在 8 分以下，你目前的家庭环境对孩子的学习是不利的。

　　以上 12 个问题，概括起来包括三个方面：一是对孩子学习有利的家庭环境必须是一个和睦的家庭。在这个家庭里父母和孩子之间亲密无间。二是家长鼓励和关心孩子的成长，对孩子的每一点进步都给以鼓励。三是有一个安静的学习环境，孩子有自己的书桌和书籍，有自己的天地。

　　由此可以想到，一个家庭如果吵吵闹闹，父母不关心孩子，环境不安静，那对孩子的学习是十分不利的。这里特别要提出的是父母的不和对孩子的影响问题。如有个小学生，本来学习成绩还可以，自从他父母不和，在家甩盆子摔饭碗，你争我吵之后，连饭也无人烧，孩子只好饱一顿饿一顿的。结果怎样呢？这个孩子对老师说：

　　"老师，我实在受不了了，大家都说我过的不是人过的日子，整幢楼就我家特别。我苦闷极了。老师，我买了把菜刀，如果他们再没完没了地吵，我干脆就杀了他们，然后我再自杀！"

　　多么可怕的心态。后来经过老师的耐心教育，这个孩子才放弃了轻生的念头。

　　试想，在这样一种环境中，孩子还有什么心思去认真学习呢？

　　还有一个赌博问题。据我们了解，有一部分家庭，因为业余时间无所事事，闲得无聊，就在家中摆起了"雀"战。有时一直大战到天亮，使孩子实在无法学习下去。希望这些家长以孩子为重，以身教为重，给孩子创造一个安静的学习环境，让他们能在课余时间安静地学习。家庭环境全是靠家长去创造的，安静的学习环境也是完全靠家长去安排的，希望家长从自身做起，给孩子创造一个适宜的学习环境！

（十二）孩子学习不勤奋怎么办

　　勤奋是搞好学习的重要条件。如果一个学生不肯勤奋学习，那么，他的成绩就不会好。学习不是靠小聪明，而是靠勤奋。说起勤奋，我国古代就有许多感人的故事。

　　明代著名学者宋濂，小时候家境贫苦，没有钱上学读书，他就到附近有书的人家去借阅。平时别人也要读，他只好等到寒冬腊月滴水成冰的时候去借，借回后就废寝忘食地抄写。有时砚台中墨水结了冰，手指冻得红肿麻木，屈伸困难，他仍然坚持抄写。抄完了就立即将书送还，从不失约。

　　由于刻苦自学，宋濂在青年时代，就很有学问了。但他毫不自满，每有疑问，不怕路途遥远，不管炎夏寒冬，也要去学者家中求教。

　　有一年寒冬，一连下了十几天大雪，地冻雪封，不辨道路，宋濂仍然冒着风雪，背着行李，外出访师。风雪、寒冷、路滑、饥饿，并不能阻止他求学的意志和决心。等来到要找的学者家时，由于冻累，一到门口便昏倒在地上，直到那位学者送客出来时，才发现了他，连忙将他抬进去，他很久才苏醒过来。那位学者一直守在他的身旁，深深地为这个青年的虚心好学精神所感动。

　　宋濂的好学精神确是感人，如果每一个学生都能像他这样勤奋学习，何愁学习搞不好。

　　怎样才能培养勤奋学习的精神，养成勤奋学习的习惯呢？

　　首先，要认识到，如果不下定勤奋学习的决心，就不可能真正做到勤奋学习。因为思想指挥行动，没有勤奋学习的思想和要求，就不可能有勤奋学习的行动。这个道理是很明白的。请看下面这个故事：

孙敬是我国汉代信都人，非常好学，整天关在家里读书，人们就称他为"闭户"先生。

他抓紧一切时间读书，有时苦读到深夜，还怕自己熬不住会打瞌睡，影响学习，就想了一个法子：把自己的发髻用绳索悬在梁上。这样，只要疲倦打瞌睡，头一低，系在梁上的绳索就会使他惊醒，

他也就可以继续学习了。

如果孙敬没有勤奋学习的思想和要求，他完全可以去睡大觉，他又何必这样吃大苦呢？正因为他好学，才会这样强迫自己学习。

我们有些学生之所以不能勤奋学习，就是因为他们根本就不懂勤奋学习是为了什么，所以学习成绩不好。

其次，要注意无论在任何情况下，都要做到勤奋学习，特别是在环境困难的情况下，更应坚持做到这一点。如果在环境顺利的情况下能做到勤奋学习，而在环境恶劣的情况下不能做到勤奋学习，那就不能算是真正的勤奋学习。

比如《唐诗三百首》的编者孙洙，他是江苏无锡人，幼年时家境贫穷，没有钱买书，就向亲友借阅，但必须抓紧时间读，不能延误还期。他只好夜以继日贪婪地苦读。尤其是在冰天雪地的寒夜，他冷得没有办法，手中经常拿着一根木棍读到天亮。

别人问他为什么要拿根木棍？他只好自嘲地说："古人说木生火，可以御寒呀！"

大家见他这样好学不倦，都非常敬重他，把自己的书借给他看。

孙洙的学习环境十分艰苦，而他仍坚持学习，这就是名副其实的勤奋学习。

古代人能这样，近代人、现代人更应有这种勤奋好学的精神。尤其是我国的少年大学生，在这方面给我们做出了榜样。

请看下面故事。

1986 年 8 月 28 日，贫困农民的孩子戈国龙接到了南京大学少年部寄来的录取通知书时，流下了激动的眼泪。

戈国龙是江西省临川县云山乡肖坊村人。1981 年他刚进云山初中时，家庭连遭不幸：父亲病故，一兄一妹因病致残。全家七口人的生活，只能靠刚刚成年的哥哥种田维持。别说拿钱上学，连糊口也十分艰难，但是他以惊人的毅力，在初中和高中两位班主任的帮助下，终于以432分（五科）的成绩，考取了南京大学少年班，在班上一直是出类拔萃的好学生。

一个山区农民的孩子，遇到的困难是何等的大，而他却仍然坚持勤奋学习，终于取得了好成绩。现在我们的少年儿童，特别是城市里的孩子，条件比起戈国龙来说，不知好上多少倍，如果再不好好学习，那真是于心有愧了。

下面，以著名数学家华罗庚的一首诗，赠给小朋友们，愿你们永远记住他的嘱咐：

> 发愤早为好，
>
> 苟晚休嫌迟，
>
> 最忌不努力，
>
> 一生都无知。

（十三）孩子不会合理安排时间怎么办

法国作家伏尔泰在小说《查第格》中，写过一则谜语：

世界上哪样东西是最长的又是最短的，最快的又是最慢的，能分割成最小又能扩展成无穷大，最不受重视又最受人珍惜。没有它，什么事情都做不成。它使一切渺小的东西归于消灭，使一切伟大的东西生命不绝。

它是时间。伏尔泰回答说："最长的莫过于时间，因为它永无穷尽；最短的也莫过于时间，因为我们所有的计划都来不及完成；在等待的人，时间是最慢的；在作乐的人，时间是最快的；它可以扩展到无穷大，也可以分割到无穷小；当时谁都不加重视，过后谁都表示惋惜；没有它，什么事都做不成；不值得后世纪念的，它都令人忘却；伟大的，它都使它们永垂不朽。"

这一段话说的就是时间的重要性。任何人都在时间中生活，但效果却不一样。有人由于抓紧了时间，做出了丰功伟绩；有人浪费时间，到头来一事无成。

学习也是这样，如果充分地利用时间，就能把学习搞好；如果浪费时间，那就不能把学习搞好。

1. 合理安排时间。

合理安排时间是充分利用时间的一个重要前提，因为通过合理安排时间，可以发现哪些地方浪费了时间。许多著名人物都懂得这个道理。

王若飞是老一辈的无产阶级革命家，年轻时，曾在法国勤工俭学。当时，他在一家钢铁厂做工，每天搬石、铲土、翻铁砂、做齿轮等。8小时的重体力劳动，使他筋疲力尽。可是，他还要在工余挤时间学习。怎么挤呢？下面是王若飞的一张作息时间表。

上午：5：00 起床

5：30～6：30 读书

6：30后喝咖啡入厂（从宿舍到工厂要走一刻钟）

7：00～11：30 做工

11：30～12：30 午餐

12：30～1：00 阅读

下午：1：00 入厂

1：30～5：00 做工

5：30～6：00 晚餐

6：30～9：00 读书

从这张作息时间表上可以看出，早晨一个小时，中午半个小时，晚上又是两个半小时，加在一起，他就有4个小时用在学习上，每天4个小时，等于半天时间，一年就有1000多个小时。如果他不是

这样安排时间，那就不可能有这么多的时间用于学习了。

有一次，有人问富兰克林："你怎么能做那么多的事呢？"

"您看看我的时间表就知道了。"富兰克林回答。

他的作息时间表是什么样的呢？

5点起床，规划一天事务，并自问："我这一天将做什么好事？"

上午8点至11点，下午2点至5点，工作；

中午12点至1点，阅读，吃午饭；

晚上6点至9点，用晚饭、谈话、娱乐，考查一天的工作，并自问："我今天做了什么好事？"

朋友劝富兰克林说："天天如此，是不是过于……"

"你热爱生命吗？"富兰克林摆摆手，打断朋友的话说："那么别浪费时间，因为时间是组成生命的材料。"

由于富兰克林合理地安排了时间，所以他就不可能浪费时间。

对学生来说，向他们两位学习，列一张作息时间表，合理安排时间很有好处。以免由于不会安排时间，有时憋得发慌，有时开夜车到半夜，有时一天下来，连自己也不知道做了什么事。

关于利用时间，明朝有一位叫文嘉的人曾经写了两首诗：

今日诗

今日复今日，今日何其少！

今日又不为，此事何时了！

人生百年几今日，今日不为真可惜！

若言姑待明朝至，明朝又有明朝事。

为君聊赋今日诗，努力请从今日始。

明日歌

明日复明日，明日何其多！

我生待明日，万事成蹉跎！

世人若彼明日累，春去秋来老将至，

朝看水东流，暮看日西坠，

百年明日能几何？请君听我明日歌。

这两首诗讲的是一个意思，就是怎样利用时间：要抓住今日，不要依靠明日。这两首诗广为流传的原因，就是因为它揭示了利用时间的真谛，给人们敲响了警钟！

李大钊说："今是生活，今是动力，今是行为，今是创作。"并指出："我认为世间最宝贵的就是'今'，最易丧失的也是'今'。因为它最容易丧失，所以更觉得它宝贵。"

现在有些学生常常叹息自己浪费时间，常常埋怨自己忽视昨天，常常把希望寄托在明天。而他们却忘记了宝贵的今天，没有紧紧抓住今天。所以，他们的学习成绩就是提不高。

在"抓住今日"之中，如果有什么特殊情况无法抓住，规定的事情没有做，那么，就应在其他时间想法把它补回来。著名画家齐白石的做法，值得大家借鉴。

现代书画家齐白石90多岁后仍然每天挥笔作画，一天至少5幅。他说："不教一日闲过。"并把这句话写出来，挂在墙上借以自勉。

有一次他过生日。由于他是一代宗师，前来庆贺的学生、朋友很多，从早到晚，客人络绎不绝。齐白石笑吟吟地送往迎来。等到他送走最后一批客人，已是深夜了。年老，精力自是差了，他便睡了。第二天，齐白石一早爬起来，顾不得吃饭，走到画室，摊纸挥笔，一张又一张地画着。他家里人劝他道："你吃饭呀。"

"别急。"他仍不停止地画。

画完5张了，他自己规定一天的"作业"已经完成了。饭后，他又继续画。家里人怕他累坏了，说："您不是已画够5张了吗？怎么又画呢？"

"昨日生日，客人多，没作画。今日追画几张，以弥补昨天的'闲过'呀！"说完，他又认真地画起来。

90多岁的人，还是这样勤奋，还是这样珍惜时间，我们小学生就更应珍惜时间，要紧紧地抓住时间不放。

2. 充分利用时间。

时间需要充分利用，才能发挥它的作用。怎样才能充分利用时间呢？

请看下面实例。

1914年的一天，有一位朋友从柏林来看望爱因斯坦。天下着蒙蒙细雨，路上几乎没有行人。朦胧中，他看见有一个人在桥上慢慢地来回踱步，低头沉思。这个人毫不理会轻风细雨，手拿铅笔，不时急速地在一张纸条上写下什么东西。

"原来是您呀，您在这儿干什么呢？"爱因斯坦的朋友高兴地说。

"我应约在等一个学生，但他迟迟没来，一定是考试把他难住了。"

"这岂不是可惜了您的时间吗？"

"啊，不，不，我过得很有意思，我正是在现在得出了一个出色的想法。"说完，爱因斯坦小心翼翼地把被雨淋湿了的小纸条叠好，放进了口袋。

爱因斯坦在等学生，但学生没来，这时间可以说是浪费了。可爱因斯坦却充分地利用了这一段时间，想出了一个出色的想法。这就是充分利用了时间。

几乎所有有成就的人，他们都是不浪费时间，而是充分利用时间的。

怎样充分利用时间呢？

一般来说，有下面三种办法。

（1）同时兼顾法。

做一件不重要的事的同时，兼做其他的事情。如著名作家杰克·伦敦，他房间里的窗帘上、衣架上、柜橱上、床头上、镜子上、墙上，到处都贴着形形色色的小纸条。这些小纸条并不是空白的，上边写满了各种各样的文字：有美妙的词汇，有生动的比喻，有五花八门的资料。杰克·伦敦从来就不愿让时间白白地溜过去。睡觉前，他默念着贴在床头的小纸条；第二天早晨一觉醒来，他一边穿衣，一边读着墙上的小纸条；刮脸时，镜子上的小纸条为他提供了方便；踱步休息时，他可以到处找到启动创作灵感的词汇和资料。不仅在家里是这样，外出的时候，他也不轻易地放过闲暇的分秒。外出前，他早已把小纸条装在衣袋里，随时都可以掏出来看一看。

这就是同时兼顾法。我国古代欧阳修提出的"三上"法，即利用"马上、枕上、厕上"的时间学习，也是属于这一种方法。

（2）挤压时间法。

鲁迅说："时间就像海绵里的水，只要你愿挤，总还是有的。"

怎样挤呢？工作中提高工作效率，每天挤出一点时间来；生活中尽量合理安排，也可以挤出时间来。请看下面的例子。

小明妈妈每天从早晨起床到上班之前要做 11 件家务事，每项工作内容和所需要的时间如下：

序号	事项	时间（分钟）
1	穿衣服	10
2	洗脸梳头	8
3	整理内务	7
4	烧开水	30
5	买菜	15
6	煮牛奶	5
7	煮粥	30
8	洗衣服	20
9	吃早饭	15
10	送弟弟上幼儿园	15
11	在上班路上	30

以上共需时间 165 分钟。为了保证能在 8 点钟准时上班，小明妈妈只能每天早上 5 点 15 分以前起床，不然，她无法做完上面这些事，因为这些事只有她一个人做。

聪明的小明想出了一个办法，使他妈妈不仅完成 11 项家务事，而且大大缩短了时间，只需早晨 6 点 10 分起床就行了。

小明用的是将原工作顺序重新排列的方法，将可合并在一起做的事合并在一起做，如"4"和"8"就可以同时做。这样共可省出 55 分钟。

（3）自我检查法。

一个人是否浪费时间了，一般来说，只有他自己知道。因此，要想知道自己是否浪费了时间，最好的办法就是自我检查。

怎样检查呢？

苏联的昆虫学家柳比歇夫的"时间统计法"就是很好的一例。他从 26 岁到 82 岁，56 年如一日，对他平时的研究、阅读、写作、散步、开会、讲课、说话等所占的时间，都一一记下，进行统计，每天一小结，每月一大结，年终一总结，使自己能及时发现问题，更好地支配时间。这一方法给了他极大的好处，使他有充足的时间写出 70 多部学术著作以及许多论文。

用日记的方式把每天所花的时间记下来，这是一种方法。

除此以外，还有一种方法是"对照法"。就是每天将自己订的工作、学习计划，在临睡前一一对照检查，看一看哪些地方做到了，哪些地方没有做到，哪些地方把时间浪费了。这样一对照，心中就有数了。

第三种办法是"自省法"。孔子说的每日"三省吾身"，所使用的就是这种办法。"自省法"就是检查自己每天做的事，或者在学习上有哪些收获，哪些还存在问题需要改进。而我们所说的"自省法"是在时间上的"自省法"，而不是孔子在品德修养上的"自省法"。

总之，掌握时间是学生自己的事，必须由他们自己解决。当然，对那些不能自觉地掌握时间的孩子，就需要家长帮助督促。

（十四）孩子对学习没有兴趣怎么办

1981 年第 4 期的《心理科学通讯》上曾发表了一篇题目叫《小学生志向和学习兴趣的调查》的文章。其中有两张表，很能说明小学生的学习兴趣。

表1 小学生的学习兴趣——对"在学习的功课中，你最喜欢什么"的回答

年级 科目 人数	三		四		五		合计	
	人数	比率 （%）	人数	比率 （%）	人数	比率 （%）	人数	比率 （%）
语　文	96	31.68	78	28.78	60	23.17	234	28.09
算　术	45	14.85	64	23.47	102	39.38	211	25.33
英　语	44	14.52	58	21.40	43	16.6	145	17.4
体　育	62	20.46	35	12.91	17	6.56	114	13.6
图　画	35	11.55	20	7.38	23	8.88	78	9.49
音　乐	20	6.6	6	2.21	8	3.09	34	4.08
常　识	1	0.33	4	1.44	5	1.93	10	1.2
政　治	—	—	6	2.21	1	0.38	7	1.32
合　计	303		271		259		833	

从表1可以看出：

①小学生最喜欢学习的科目，第一是语文，第二是算术，第三是英语，第四是体育。

②从小学生学习兴趣的变化、发展来看，小学生对算术的学习兴趣随年级升高而递增，到五年级时，对算术的学习兴趣超过了语文。

反之，小学生对语文的学习兴趣则随年级升高而递减，到五年级降为第二位喜欢学习的科目了。

③小学生对体育、美术（图画）、音乐的学习兴趣，远不如对语文、算术、英语的学习兴趣。后三科为70.82%，前三科百分数合计为27.17%，大了一倍多。

④小学生对政治和常识的学习兴趣，百分数低得惊人，居各科的倒数第一、第二位。

学习兴趣与学习成绩、学习信心的关系如何呢？请看表2。

表2　学习兴趣与学习成绩、学习信心的关系

项目 年级	总人数	最喜欢学习的 科目成绩最好		最喜欢学习的 科目信心最足	
		人数	百分比	人数	百分比
三年级	303	277	87.46	233	76.90
四年级	272	244	89.05	227	83.46
五年级	260	243	93.41	215	82.69
合计	385	764	90.50	675	81.32

从表2可以看出：

小学生的学习成绩和学习信心与他们对该科的学习兴趣关系极大。一个学生最喜欢学习的科目，也是学习成绩最好，学习信心最足，最有把握的科目。而且这种成正比例的关系有随年级升高而递增的趋势。

以上统计数字表明，学生的学习兴趣对学习成绩有极大的影响。由此，也告诉我们应该重视培养孩子的学习兴趣。

应该怎样来培养学生的学习兴趣呢？

在这一方面，小诗人田晓菲的母亲许建华有着深刻的体会。她的体会和做法对广大家长和教师来说也有重要的借鉴意义。她是这样说的：

"如果让我说，在子女的智力教育中，什么是最重要的？我会毫不迟疑地说：培养孩子的学习兴趣。如果孩子对学习没有兴趣，把看书学习当成负担，那么你其他的一切努力，都不会收到预期的效果。"

"游戏是儿童的天性，没有不爱玩的孩子。让一个五六岁的孩子认识到学习的意义，像成人一样，用理智控制和约束自己，去努力学习，发奋读书，那是不易做到的。惟一的办法就是启发他们对学习的兴趣，对书的热爱。让他们觉得学习像'玩儿'那么有意思，觉得书里有那么多有趣的事儿。"

她是怎样使孩子把学习当做玩儿那样有趣、有吸引力的呢？

她说："还是在她一岁多的时候，为了对她进行语言训练，发展她的智力，我们开始教她念儿歌。那本儿歌集，一边是画，一边是字，先看画讲画，再一句一句教她念儿歌。很浅显，很形象，很有趣，都是幼儿能够理解、能够接受的东西，因此，就能引起她的兴趣。我们从来不把她还不理解的东西往她脑子里灌，把一首连文化较低的成人都不理解的古诗硬塞给孩子，逼着孩子去背，去做机械的记忆，对发展孩子的智力一点好处也没有，反而使她对学习产生了厌倦。基于这种认识，我们教她读古诗，是在她会背许多儿歌，对背诗有了浓厚兴趣的时候。那时她5岁，我们从古诗中选择浅显易懂、富有儿童情趣的风景诗讲给她听，教她念，什么'儿童急走追黄蝶，飞入菜花无处寻'；什么'沙上儿童临水立，戏将萍叶饲新鹅'，什么'小荷才露尖尖角，早有蜻蜓在上头'，什么'天街夜色凉如水，卧看牵牛织女星'，这些小诗中有人物、有意境、有情趣、有故事，适合孩子口味，一下子就把她吸引住了，引起她无穷的兴趣。因为容易懂，又有意思，所以，她就很容易地记住了，而且不会忘记，这样，积累越多，理解接受的能力也就越来越强了，对诗的兴趣就越来越浓厚。识字以后，她就自己去找诗读了。"

培养学生的学习兴趣，有没有方法呢？有的。

她继续说："培养孩子的学习兴趣，方法总是有的，只要做父母的多费点心思想一想。比如查字典，为了让她学会并且熟练地掌握，我们一家四口人就比赛，以书报上随便指定一个字，看谁先查出来。孩子们都是好胜的，所以，孩子惟恐落在后边，拼命快查。孩子先查出，我们就表扬孩子，孩子很高兴，很得意。这种比赛，既培养了孩子的兴趣，又加强了孩子的自信心。"

她还说："引导孩子对学习的兴趣，还比较容易做到，要使孩子把这种兴趣长期保持下去，在学习上持之以恒，那就困难了。随着孩子年龄的增长，知识的增多，从儿童进入少年，再用引导小孩子的一些方法，就不行了。必须在更高的层次上培养孩子的学习兴趣。这时孩子大了，能够用理智控制自己了，学习目的、意义的教育，理想的教育，都显得更加重要。除此以外，我觉得还有很重要的一点，就是培养孩子自学的能力，独立思考的能力，变学习上的被动为主动，在大学众多的课程中，在全面发展的基础上，可以也应该培养自己特殊的爱好。……孩子上中学以后，我们很重视这个问题。一方面对孩子已经培养起来的文学爱好，不是加以限制，而是鼓励孩子加倍努力，不怕有人说'偏科'；另一方面，也让孩子认识到其他课程的重要性，用理智支配自己去学好其他课程。"

田晓菲母亲的话十分重要，对如何培养学生的学习兴趣发表了极为深刻的见解。归纳起来有这样几点：

①培养孩子的学习兴趣，要注意形象性和可接受性。

②培养孩子的学习兴趣，要注意方法，而方法是有层次性的。

③学习兴趣有课内和课外之别，课外的学习兴趣，那就是个人爱好。在不妨碍正课的基础上应提倡个人爱好。

此外，下面介绍的几种方法，也值得大家参考。

1. 环境影响法。

不久前，江苏省"纪念徽班晋京200周年'五一杯'业余京剧演唱电视广播大奖赛"决赛在扬州举行。苏州12岁的小姑娘王佩瑜，一举夺得大奖赛一等奖。

今年12岁的小姑娘王佩瑜是苏州市21中初中一年级学生。她的母亲、苏州饮食服务公司的吴芸芝告诉我们，这孩子从小有个学唱京剧的好环境。孩子的外祖父是京剧名票，舅舅是拉京胡的好手。小佩瑜从小经常在外祖父和舅舅身边，受家庭的熏陶，4岁学唱京剧，5岁就登台演唱了。外祖父根据小佩瑜嗓音宽宏的特点，适宜唱老旦，便指导她学唱老旦。她每天做完作业，便听一段著名京剧演员王梦云、刘桂欣的录音磁带。她听一段，背一段，唱一段，很快就把29句唱词背熟了。在清唱时，她又照着"李派"的唱腔一字一句地学，一字一句地唱。她每天清晨起床后练吊嗓，午饭后跟着磁带学唱。

外祖父还给她买了一本新本子，说："以后，你就用这个本子写吧!"她很高兴，每天往她的本子上写那些相同的符号，直到写满一本。

孩子需要鼓励，鼓励可以提高孩子的学习兴趣。鼓励的方式很多，有表扬、奖励。这又可分成口头的和书面的，精神的和物质的等等。

在这里特别要指出的就是鼓励或奖励应该和物质刺激区别开来。

物质刺激也是一种奖励，但这是一种不好的奖励，对孩子来说更是如此。物质刺激现在许多家庭中实行着。如孩子考一门功课，达到多少分，就给多少钱，或多少奖品。如评上"三好"生，给多少钱或多少奖品。有的甚至洗一次碗，扫一次地都要给钱。如此奖励，只有百害而无一利。在这方面是有过惨痛教训的。有个小学生就是由于家长的这种培养方式，走上了犯罪的道路。有一次，他父母没有奖励他，他就怀恨在心，在父母饭碗中放了老鼠药，幸亏发现得早，及时抢救而幸免于难。父母一气之下，就把孩子送去教管所。所以，我们提倡鼓励、表扬、奖励，但是坚决反对物质刺激!

2. 理想鼓舞法。

大部分学生都是有理想的。请看表3。

表3 小学生的志向——对"你长大想做什么工作"的回答*

志向 \ 年级 人数	三		四		五		合计	
	人数	百分数	人数	百分数	人数	百分数	人数	百分数
科学家工、工程师	79	25.82	41	14.91	45	17.44	165	19.67
解放军	65	21.24	48	17.45	46	17.82	159	18.95
工人	25	8.2	48	17.45	41	15.89	114	13.59

年级 人数 志向	三		四		五		合计	
	人数	百分数	人数	百分数	人数	百分数	人数	百分数
听从祖国分配	8	2.62	49	17.82	34	13.18	91	10.85
医生、护士	37	12.09	20	7.27	28	10.85	85	10.13
演员、歌唱家、舞蹈家	24	7.84	29	10.55	24	9.3	77	9.18
教授、教师	35	11.44	17	6.18	20	7.75	72	8.58
体育教练、运动员	16	5.28	11	4.01	5	1.94	32	3.81
干部	6	1.96	7	2.55	5	1.94	18	2.15
没有想过、没有把后劲	6	1.96	1	0.36	5	1.94	12	1.43
理发员、售货员、清洁工	2	0.65	4	1.45	4	1.55	10	1.19
农民	3	0.98	0	0	1	0.39	4	0.47
合　计	306	100	275	100	258	100	839	100

﹡引自《心理科学通讯》1981 年 4 期

"长大想做什么工作"实际上讲的就是理想。大部分学生是有理想的，在统计的 306 人中，只有 12 人对自己的理想还没有想过或没有把握，但这并不说明没有理想。所以理想是每个学生都关心的问题。理想是奋斗的目标，为了实现自己的理想，他就会对能实现理想的一切事物，包括学习在内，发生强烈的兴趣。所以用理想作为鼓励学生学习兴趣的方法，就是"理想鼓舞法"。

有了理想，才会产生强烈的兴趣。获得诺贝尔物理学奖的美籍中国物理学家丁肇中教授就是这样认为的。他说：

"任何科学研究，最重要的是要看对于自己从事的工作有没有兴趣，换句话说，也就是有没有事业心，这不能有丝毫的强迫。许多人从事科学研究的时间并不长，而接连出成果，我认为很重要的原因就是他们有事业心。比如搞物理实验，因为我有兴趣，我可以两天两夜，甚至三天三夜呆在实验室里，守在仪器旁。我急切地希望发现我所要探索的东西。"

有人问他："这样刻苦攻读，你不觉得累吗？"

丁肇中笑着答道："不，不，不，一点也不，没有任何人强迫我这样做。正相反，我觉得很快活。因为我有兴趣，我急于要探索物质世界的秘密。"

"发现我所要探索的东西"，"要探索物质世界的秘密"，这就是理想。正是在这个理想的鼓舞下，丁肇中才对世界做出了贡献。

理想不是空想、幻想、梦想，而应建立在坚实的基础之上。因此，要善于引导学生把目前的努力学习和理想联系起来，要使学生认识到，只有现在好好学习，掌握好知识，将来才能真正实现自己的理想。

3. 榜样学习法。

有的学生渴望将来能成为像居里夫人、牛顿、爱因斯坦那样的科学家，为"四化"做出贡献；有的想成为朗平、朱建华那样的运动员为国争光。这些学生以这些人作为榜样而努力学习，对学习充满着兴趣，实际上是以榜样作为激励自己努力学习的动力。这种方法叫做"榜样学习法"。

榜样的力量是无穷的。为了向榜样学习，学生会产生无穷的力量，浓厚的学习兴趣。当学生们遇到困难时，他们会以榜样作为自己克服困难的动力。榜样是怎样学习的，他们也会怎样学习；榜样是怎样生活的，他们也会怎样生活。

为了使榜样更好地发挥它应有的作用，有两点必须注意：

（1）应该注意用各种榜样从多方面来影响学生，以提高教育效果。

革命导师、革命英雄人物的形象和事迹是教育少年儿童的最好榜样。因为这些形象和事迹思想性强，方向明确，比较典型。有些家长和教师也被学生当做榜样，同学中的好人好事也是教育学生的榜样。同学中的榜样，特别是以学习尖子作为榜样，容易被他们理解和模仿。另外，文艺作品、电影和戏剧中的各种典型人物，也可作为榜样。

这样全方位多角度地对学生进行榜样的教育，可以使学生对榜样的理解更深刻、更全面，从而增加学习的兴趣。

（2）教师、家长也是一种榜样。所以，教师、家长以身作则十分重要。

著名教育家马卡连柯说："父母对自己的要求，父母对自己家庭成员的尊重，父母对自己一举一动的检点，这是首要的和最基本的方法。"如果学生以一个教师做榜样，处处学习那个教师，而那个教师自己却不能以身作则，那教育效果就可想而知了。同样，有的学生以父母为榜样，可父母不能以身作则，那怎能在孩子中树立威信和受到尊敬呢？所以以身作则也是一种重要的教育方法。

4. 习惯养成法。

什么是"习惯养成法"呢？

请看第 27 届国际中学生奥林匹克数学竞赛获奖者林强事迹中的一段：

说起来挺怪，林强最初学习数学仅仅是为了使父亲高兴。

临上学的前一年，林强在父亲的指导下学习数学，每天由父亲出二三十道加减法的题让他做，他总是提前完成。上学后在老师布置的家庭作业之外，父亲仍给他留一定数量的练习题，他也从不含糊。日复一日，年复一年，从小学一年级到初中三年级的 9 年时间里，他一共做了 105 本练习。可以说他是从题海里邀游过来的，他开始爱上了数学。在这 105 本练习中，他几乎什么样的题目都遇到过。有时，为了一个证明，他要查找许多书籍。他有个数学集粹的本子，将做过的难题都记在了上面。

林强对数学的兴趣是怎样培养起来的呢？是他习惯了做父亲所布置的习题而培养起来的，我们把这一种方法叫做"习惯养成法"。习惯养成了，兴趣也就有了。世界上好多事都是这样的。比如，有些人学游泳，开始是父亲带他去的，他自己一点兴趣也没有，但游了几次，学会游泳了，兴趣也就上来了。有位教育家说过："如果一个儿童从未尝过苹果，他自然不会想到去要一个。同样道理，如果一个孩子从未感受到读书的乐趣，他也不会去渴求知识"，讲得十分深刻。

（十五）孩子营养不良，影响学习怎么办

儿童时期是长身体、长知识的关键时期，也是大脑生长发育趋于成熟的时期。所以，这个时期的营养对大脑发育有着不可估量的作用。

营养不良对大脑的发育有何影响呢？

英国伯明翰大学的神经科学家麦克康奈尔和伯里两人，1978 年发表了一项研究结果说，大白鼠生下来以后，便限制其吸乳时间，人为地造成营养不良。30 天后处死检查其大脑，发现其脑细胞显著小于营养正常的对照组的大白鼠。他们还进一步实验，即在大白鼠生下后，限制其吸乳 30 天后，便不再加任何限制，让这些大白鼠随意吃个够，而在第 80 天将其处死检查其大脑，与生下来一直正常喂养也在 80 天处死的对照大白鼠大脑相比，发现在前一次实验中所见到的脑发育的缺陷，大多数依然存在。

这就说明，幼时营养不良造成的脑发育缺陷，即使后来加强营

养，也难以弥补。

有关人员在巴西的一个州进行调查，有 20 万个母亲，由于童年缺乏蛋白质，她们的智力低于 12 岁正常儿童的水平。所以，儿童必须有足够的营养，才能使其大脑发育完善。由此也说明，每一个家长及教师，都要关心和重视孩子的营养问题。

大脑需要哪些营养呢？

儿童最好的营养食物有以下几种：

①牛奶。牛奶是一种近乎毫无废料的完全营养品。只要看一下，有些婴儿由于缺乏母乳，只靠牛奶便能发育成长的事实就能证明。牛奶中所含的蛋白质，在质量良好的所有食物中名列前茅。牛奶中钙的含量很高。许多食物中的钙，是不大容易消化吸收的，而牛奶所含的钙却非常易于吸收，并且质地好。

②鱼。鱼肉中含有球蛋白、白蛋白及含磷的核蛋白，含有儿童需要的必需氨基酸。还含有大量的不饱和脂肪酸，丰富的矿物质，如钙、磷、碘以及维生素 B_{12} 等。

③鸡蛋。鸡蛋中含有卵白蛋白和卵黄磷蛋白，它们也都含有儿童需要的必需氨基酸，卵黄中还含有大量脂类、多种磷脂。

④大豆。大豆中主要含大豆球蛋白，其中含有人体全部必需的氨基酸。

⑤动物内脏，如心、肺、脑、肝、肾等，都含有丰富的优质蛋白质和脂类。

⑥蔬菜。其中以菠菜为最好，是维生素的宝库。100 克菠菜中所含的维生素 A 的有效单位竟达 2600 单位。100 克菠菜中维生素 C 的含量也有 100 毫克，对健脑极为重要的维生素 B_1、维生素 B_2 的含量也相当丰富。

同时，菠菜含有丰富的叶绿素。

⑦水果。其中橘子是水果之王，也是维生素的宝库。和苹果相比，橘子的维生素 B_1 的含量是苹果的 10 倍，维生素 C 的含量是苹果的 12 倍，维生素 A 的含量竟是苹果的 70 倍。

以上 7 种营养品，每天食用量约为：

牛奶：1～2 瓶；

鱼：50克；

鸡蛋：1～2个；

大豆：20克；

动物内脏：30克；

蔬菜（菠菜）：50克。

水果（橘子）：50～80克。

（蔬菜和水果可任选一项）。

在加强孩子营养的时候，以下三个问题一定要搞清楚：

（1）吃零食问题。

根据我们调查，小学生中吃零食的比例占60%。学生的零用钱大部分都花在吃零食上。有些家长是反对孩子吃零食的，但也有的家长并不反对孩子吃零食。他们认为青少年，特别是儿童，还处在发育期，消化器官尚未充分发育完善，特别是胃还小，只靠三顿饭恐怕营养不足，所以可让他们多吃零食。这种看法是没有科学根据的。

吃零食有什么坏处呢？有三点。

第一，零食大多数是甜的。体内糖类含量过多，将使体内的营养失去平衡。而且，还容易在体内变成中性脂肪积存在皮下，从而使人发胖。

第二，零食打乱了三顿正餐的规律。零食吃饱了，正餐就不想吃了，营养的吸收就不会全面。同时，零食不断进到肠胃，腹部始终处于紧张状态，就会使血液一直集中在消化器官。

第三，吃零食对用功学习来说，害处更大。只要稍微一有"肚子已空了"的想法，马上就条件反射地非要吃零食不可。没有东西可吃时，就会感到浑身无力，不想学习了。

有此三害，吃零食的习惯一定要改。

（2）偏食问题。

有一小半的小学生是偏食的。喜欢吃的食物吃得多，不喜欢吃的食物吃得少，甚至一点也不吃。其结果害处极大，造成严重的营养比例失调。有些孩子由于偏食，发育畸形和发育不良。

（3）一日三餐的要求。

因为食物进入胃中停留不超过4～5小时，所以每餐的时间间隔应以4～5小时为宜。我国实行的一日三餐的习惯，是符合卫生要求的。

怎样安排一日三餐呢？归纳起来三句话：早吃好、午吃饱、晚吃少。

为什么早上要吃好呢？

因为早上起床，离上一顿饭已有约12个小时，胃肠道已空，只有吃比较好一点的食物，才能抵上消耗后的不足。

可是现在的情况是：早晨由于时间紧张，要赶着上班，有些家长不吃早饭，就叫孩子在外面随便买一点吃。有些孩子根本就不吃，省下钱来作其他用，如玩游戏机。这样上午到第三节课，这些学生就饥肠辘辘，坐立不安，严重地影响了学习和身体健康。

早上吃什么才好呢？

根据美国营养学家的研究，认为早饭吃的食物要有足够的糖，还要吃蛋和牛奶。糖是能量的来源。蛋和牛奶除本身作用外，它们能减缓糖的吸收和消耗，防止胰岛素的过度分泌，从而维持血糖的水平。

为什么午饭要吃饱呢？

因为午饭既要补充上午活动的消耗，又要为下午的活动作准备，所以应该吃得多一些。但这个饱，也只能是适量，而不是过饱。

为什么晚饭要吃少呢？

因为晚饭后到第二天早晨，时间虽长，但体力活动较少，好的食物吃进去以后，消化吸收不完，就很容易贮藏起来。这样人就会发胖，人一发胖，高血压、高血脂、动脉硬化、冠心病、糖尿病等就有可能发生了。

总之，一日三餐有学问，关键的问题是要真正做到"早吃好、午吃饱、晚吃少"不容易。特别是晚上，工作一天，吃好一点认为是一种享受，一种乐趣，这更增加了难度。但是，如果你想自己的孩子身体健康，大脑发育良好，就毫不犹豫地抛弃上面所说的不符合科学的想法。

（十六）孩子在乱班怎么办

有位家长写信给我，说他的孩子在乱班，班上乱哄哄的，根本无法学习，学习成绩有明显的退步。这位家长很苦恼，问我应该怎么办？

解决这个问题，一般采取下列办法：

①向校方领导反映，要求改变乱班情况，或者要求调换班主任。

②调换班级或者到其他学校学习。

③干脆退学回家不上学。

以上这些办法有一个共同的缺陷，就是以消极的态度对待乱班。有的根本不是好办法，如退学回家不上学。孩子退学回家，如跟坏人学，那后果是不堪设想的。而调换班级或转到其他学校去学习也不太可能，因为现在都是就近上学，如果没有充分的理由，是不可能随便转学的。再说，如果转到其他班级或学校，仍在乱班怎么办？关于向校方反映要求调换班主任，这也是不太可能的，因为班主任是不可能随便调换的。

有没有比较好的办法来解决孩子在乱班的问题呢？有的。请看

哈佛女孩刘亦婷父母是怎样解决刘亦婷在乱班问题的，下面是刘亦婷母亲的介绍：

在拉开差距的三年级，那些靠在学前班的底子而领先的学生开始显示出后劲不足，婷儿则继续保持各科总分第一，语文、数学成绩位居前几名的领先状态。可她的班主任却越来越不安心。三年级上学期期末复习阶段，她竟然对学生们说："这学期的语文复习得靠你们自己了，因为我也要考试了（她在学习外语），我得搞自己的复习。"这种不负责任的态度引起了家长们的普遍反感，三年级下学期开学的时候，家长们一致要求学校调换老师。学校最终安排了一位教语文的男老师当他们的班主任。

原来的班主任所受到的惩罚就是失去了教语文课的资格，被学校安排去教别的副科课。可是由于她在应该训练学生养成良好学习习惯的一、二年级严重失职，使得这个班最终成了难以管好的"乱班"。在懈怠的管理下，这个班形成了很糟糕的"班风"，老师在上面讲课，学生在下面讲话，婷儿经常向我们抱怨："竖起耳朵也听不清老师在讲什么。"

新老师刚上任的时候，还准备把这个班的工作抓一下。我从婷儿的日记里看到：

今天下午，我第一次感觉到当一个中队委是多么辛苦。因为原来我们什么都跟其他的同学一样，不做跟其他同学不一样的事。直到今天下午，才听老师说，中队委要做那么多事。

新老师花了一个星期的时间停课整顿纪律，好歹开始上课了，谁知当天下午就因为课堂纪律太差，又停课了。我们干着急，使不上劲儿，只好对婷儿说："老师不讲课的时候，你就自己看课文，做课本上的思考题吧。"偏偏婷儿后座是个特别顽皮的男生，不是扯婷儿的衣领，就是揪婷儿的辫子，整得婷儿想在课堂上自习都不得安宁。告诉老师吧，当时挨批评的他倒是老实了，老师一转身，他就闹得更凶。

婷儿为此非常苦恼，问我们该怎么办？我们在饭桌上讨论了一会儿，建议婷儿利用写作文的机会请求调换座位。爸爸说："每个老师都喜欢爱学习的学生，只要你把现在不能专心学习的苦恼真实具体地写出来，并且表达出换坐位之后好好学习的决心，老师肯定会满足你的要求。"我补充说："就是老师没有满足你的要求，你也没受什么损失呀！"婷儿觉得我们说得有理，便抱着试一试的态度写了一篇稚气动人的作文。结果，老师批完作文当天就把那个调皮的男生和另一个调皮的男生一起换到了最后的座位上。随后，老师干脆让愿意听课的同学坐在前面几排，不愿意听课的同学坐在后面几排，讲10分钟课整顿10分钟纪律，就这样勉强维持着。

那时候，拖欠作业是婷儿班上的寻常事，这种坏风气对婷儿也有过不良的影响。有一次，婷儿因为懒没做数学作业，没想到第二天数学老师挨着座位一个一个地来批改，婷儿只好谎称没有带本子。老师凭她的经验，一眼就看穿了实情，说："没带作业就是没做作业，现在补做，请家长来。"

婷儿在一篇日记中惭愧地记下了这件事的起因：

回家后，我告诉了爸爸。爸爸要我把事情的经过好好地讲出来，我说了以后，爸爸问我："这种事情有几次？"我骗爸爸说："就这一次。"爸爸叫我再考虑一下，还对我说："要说实话。"我考虑一下，说："我刚才骗了你，还有很多次。"接着我就把我没有做作业一共有多少次说出来了（包括老师没有发现的语文作业）。

正在这时候，妈妈回来了。问是怎么回事？爸爸心情沉重地说："她拖欠作业，还撒谎。"妈妈盯了婷儿一眼，生气地走进里屋，不理她。爸爸在一旁叹息着："唉，你为什么要骗人呢？"我们的反应使婷儿深感羞愧，她站在外屋低垂着头，不知怎么办才好。爸爸这才说："犯了错误就站在这儿？你还不去做你该做的事！"（婷儿承担的家务事）听了这话，婷儿急忙跑到卫生间去拿拖把，拖地的时候比哪一天都认真。

拖地和吃饭的时候，我们仍然不理她，直到吃完饭，我才问她："你觉得这件事该怎么处理？"婷儿说："我没有想过，只想过以后要好好地干，不再偷懒了。"这时候，我们才开始跟她讲道理，让她明白这样两点：（1）做人要讲原则，不能随大流，一件错事决不会因为做的人多就正确。（2）懒是万恶之源，多少人都是因为懒和骗而走上了犯罪的道路。

也许有人认为这样上纲上线有点小题大作，但我们认为，在品质问题上，必须防微杜渐，杀鸡用牛刀。此后，婷儿再也没犯过拖欠作业的错误，也不需要为了掩盖懒惰的后果而编造谎言。

就这样，别人在"乱班"一天天往下滑的时候，婷儿的学习和品德却在走上坡路。有一次大扫除，同学们打扫完厕所内外之后都玩去了，这时突然刮来一阵大风，弄脏了刚打扫干净的地方，婷儿想起爸爸说的"做过了不等于做好了"，就独自一人又打扫了一遍。

三年级上学期末，婷儿头一回当上了学校的"三好"学生。我专门带她去拍了一张笑眯眯的照片，贴在学校的光荣榜上。

同样是身处逆境，锐意进取者可以战而胜之，而随波逐流者就不大容易从中挣脱出来。

毫无疑问，刘亦婷父母解决刘亦婷在乱班问题的方法是很好的。好在哪里呢？好在他们是以积极的态度对待乱班，处处严格要求自己的孩子，教育孩子身在乱班不随大流，别人乱自己不乱。如果每一个乱班的学生都能像刘亦婷一样管住自己，严格要求自己，那么乱班就不会乱下去，终有一天会好起来。所以，在这里我们希望孩子在乱班的家长要管好自己的孩子，身在乱班自己不能乱，要积极向上，以此来影响别人，达到治好乱班的目的。

（十七）孩子没有养成良好的学习习惯怎么办

什么是良好的学习习惯呢？它主要包括下列几个方面：

①愿意学、主动学的习惯；

②独立学习的习惯；

③认真学习的习惯；

④质疑问题的习惯；

⑤掌握有效的学习方法的习惯；

⑥会自学的习惯。

这些习惯的总和就叫做良好的学习习惯。这些习惯都是十分有效的。请看下面的实例：

有个大学生叫王和，是武汉水运学院动力系的学生。

他刚进大学时并不引人注目，同学们对他的印象是爱玩，爱开玩笑，爱睡觉。

晚上，别人都在埋头做题，他却一个人回宿舍钻进蚊帐里睡觉了。但是奇怪得很，一连几次考试，他的成绩都名列前茅。

同学们觉得这是个谜。有人给《中国青年报》写信，希望能揭开这个谜。

后来报社把信给了王和。王和说，我钻进蚊帐里不是在睡觉，而是在思考。

原来他养成了这样一个习惯，在睡觉之前，总要总结一下自己当天的学习：今天功课主要讲什么？有哪些已经弄懂了，哪些还未完全弄懂，明天需要继续弄懂。

他还把所学的知识归纳总结，找出相互之间的联系，并连成一条主线把它串起来，最后再和以前学到的知识联系起来，找出内在联系。通过这样一番去粗取精，由表及里的消化，把知识贮进了脑子。

从这个例子可以看出，这种学习习惯的养成对学习的确是十分有效的。

再看下面事例。

有个少年大学生叫柴允敏，别人念完高中得花 12 年，可他只用了 8 年，高中二年级便以优异的成绩考入交通大学，成为当时上海年龄最小的大学生。

　　小柴刚进小学时，他爸爸对他说："作业要在学校里做完，考试前不温习功课。"不料小柴真的这样做了。他从不把作业带回家，从小学到中学，这个习惯一直保持到考大学前。

　　由于养成了这个习惯，他就有了不少课余时间去学习物理、生物、数学、天文学等等知识。他的书法作品还多次出现在报纸杂志上，并被选送到日本等国展出，在国内外书法大赛中获奖40多次。他读大学时，获一等奖学金，还以高分通过了"托福"考试。

　　这个事例再次说明，良好的学习习惯对孩子的学习以及成长有着很大的作用。所以，叶圣陶先生指出："凡是习惯都不是几天工夫就能够养成的。""不断学，不断练，才能养成好习惯，才能真正学到本领。"又说："有好习惯，也有坏习惯。好习惯养成了，一辈子

受用；坏习惯养成了，一辈子吃它的亏，想改也不容易。"

怎样才能使孩子养成良好的学习习惯呢？

第一，身教重于言教。如果父母自己不读书，只要求孩子读书，这种"言教"作用不大。只有自己读书，以实际行动来影响孩子，这种"身教"才能产生较好的效果。

一共出了3个博士生的林修德家，他们的父母年轻时读书不如愿，决心好好培养儿子读书。他们首先从自身做起，给儿子树立读书的榜样。白天，他们一同出工务农；晚上，他们不管如何疲劳，也要挤出时间来，拿出过去读过的旧书或觅来的旧报掌灯夜读。父母的兴趣感染了儿子，兄弟几个不仅喜欢在父母读书时，伸出小脑袋听，也常常争着翻看那些吸引父母的书报。3个孩子先后入学后，孩子们看到父母每天劳累还刻苦学习，自然也都不贪玩，用心读书了。这个家庭两代人共学的读书氛围一直延续到小兄弟3个都上了大学。

这就是身教重于言教。父母认真读书了，孩子受其影响，怎会不认真读书呢？那些沉迷于牌桌上的父母，大都埋怨自己的孩子不好好读书，现在要问：你们自己认真读书了吗？

第二，要对孩子提出学习要求，这样才有利于孩子学习习惯的养成。英国剑桥大学有史以来最年轻的中国籍博士生张弛的父母就是这样做的。

刚上高中一年级，张弛就有计划地提高自己的英语水平。他利用每个节假日寻找机会陪同外国人出去旅游，抓紧旅途中的机会练习口语，并从中了解国外的文化、历史和教育情况。两年下来，他的英语进步很大，在"托福"考试中得到600多分的高分。

张弛父母张明山、杜鹃英夫妇说，这一切全得益于从小培养孩子一个良好的学习习惯。

做老师的杜鹃英非常清楚，一个好的学习习惯对孩子的学习意味着什么。张弛上小学一年级的时候，他们就要求：一定要先复习学过的内容，再做功课，然后预习明天要学的课程。同时又根据人的遗忘曲线给张弛制定一个复习计划。长期这样做，张弛自己就习惯地掌握了整个学习的过程和节奏。

当然，对孩子提出学习上的要求，必须是正确的、合理的、可行的。有些家长对孩子提出要在班上考第几名，一定要考上重点中学、重点大学等等，这些都是错误的，是不可行的。

第三，孩子学习习惯的养成，需要父母的实际帮助，而不是空洞的说教。

"全国少年五星雏鹰"奖章获得者、小发明家林粼的父母对这点深有体会地说：

林粼在小学一年级学习汉语拼音时很不适应，经常出错。我们便腾出时间，将全部声母和韵母组合做成卡片，每天晚上和他一起拼读。几天下来，他就熟练掌握了汉语拼音，顺利过了这一关。四年级时学校推荐他跟随著名数学家安文山学习奥林匹克数学，由于开始不适应，几次考试未能拔尖，林粼有了惧怕心理，我们察觉到这一点，没有讥笑更没有批评他，而是实事求是地给他提供各种书籍，督促甚至是陪着他做大量的习题，以增强信心。后来，林粼在五、六年级的两次青岛市奥林匹克数学竞赛中获一等奖，有一次在预赛中还得了满分。所有这些具体帮助，对林粼养成好的学习习惯起到了较大的作用。

二、心理健康方面的问题

（一）孩子心理不健康怎么办

你的身体健康吗？

如果我们在回答这个问题时，只想到自己或孩子的身体状况，那正应了上海市一些专家的忧虑。专家们指出，应该对目前片面偏重儿童身体健康的现象猛喝一声：不要忽视了孩子的精神健康！

这个结论是上海市精神卫生中心的专家，前不久用机械抽样方法，对在本市第一妇幼保健院出生的 3000 名 7～8 岁儿童进行调查以后得出来的。调查发现，这些儿童的精神卫生问题发生率高得惊人，其中怕去幼儿园的占 24.2％，偏食的占 25.4％，性格脾气怪癖的占 23％。与此相比，这些儿童中先天性疾病和后天严重疾病发生率总和仅 1.3％。令专家担心的是，由于缺乏精神卫生常识，不少家长及教师在孩子有不正常现象发生时，并不以为这是一种"病"，如有的孩子喜欢撒谎、损坏东西，爱炫耀和胡闹，或公开玩弄自己的生殖器及虐待小动物等，常常不会引起大人们足够的注意并及时纠正。专家们还对 1007 名学习困难的小学生作了调查，发现他们当中的 92％非智力因素所致，大多数是精神卫生问题。

更为严重的是，在学生中存在着两种现象：一是"逃夜"现象；一是自杀现象。

"逃夜"（离家出走）现象。根据上海市对 500 名在校中小学生的抽样调查发现，有过"逃夜"现象的学生竟占 55.4％，其中男生占 81％，女生占 19％。"逃夜"的学生年龄以 13～15 岁居多。时间一般为 3～5 天，最短 1 天，最长达 2 年。出走的地方一般在学校、家庭住所附近，稍远的到毗邻的区、县，更远的地方个别人甚至到了东北、西南地区。

自杀现象。以南京地区来说，南京市第一医院在一个月中竟收治 3 例自杀儿童。在报纸杂志等媒体上也可见学生自杀的报道。如徐州矿务局庞庄煤矿子弟小学的一个年仅 10 岁的女生平日天真活泼，性格倔强，但学习成绩稍差。为此家长对她管教严厉，学习上要求较高。新学期临近，该生心理上负担过重而自缢身亡。学生自杀现象，在我国引起了社会的广泛关注。

一些社会学专家分析认为，这些学生大都是因为一些微不足道的小事自杀，说明他们自我控制能力较差。除此以外，学生犯罪现象也使人极为担忧。请看下面事例。

武汉一名女生用斧头砍死 82 岁的外婆后，于 1995 年元月 28 日被警方拘留。

这名女高中生姓黄，今年 17 岁，就读于武汉某中学，元月 10 日晚，她认为外婆看电视影响她复习功课，便和外婆争吵起来。一向十分厌恶外婆的小黄，被老人一些不堪入耳的话语给激怒了。她顺手操起一把斧子，朝外婆脑袋连劈数斧，然后将尸体用尼龙袋套上，塞进床底。

作案 3 天后，小黄照常参加期末考试。据她的班主任说，有两门考试她都迟到 15 分钟以上，但成绩仍然较好。

元月 27 日，去河南洛阳和父母团聚的小黄，在父母的陪同下回到武汉。她知道难以继续掩盖真相，打算借故离开父母，她买了次日去广州的火车票和大量的安眠药。当天晚上，她很晚才回到家里。父亲追问："外婆去哪儿了?"她便说出了事情经过。黄父立即向当地公安机关报案，代女儿自首。

小黄的父亲是高级工程师，母亲是医务工作者，两人长期在外地工作。黄母说，孩子的外婆脾气古怪刁蛮，动辄骂人。她的女儿性格内向，十分好强，祖孙俩住在一起，矛盾很深，但她万万没想到会发生这样的惨剧。

当前，少年犯罪更是各种各样，使人吃惊。总之，在少年儿童中，存在着严重的心理障碍。据我国卫生部统计，我国 15～40 岁的人中有不同心理障碍的达 8%，而处在心理发育阶段的大学生、中学生、小学生，却高达 20%。

以上讲的是小朋友们心理卫生、心理健康、心理障碍等方面触目惊心的事实。家长对孩子的这些心理问题，采取什么态度呢？可以说，大部分家长是重视孩子的这些问题的。可是他们却存在着许多错误的想法和做法，用心理学的术语来说就叫做"误导"。

对幼儿进行集体主义思想教育，这对大部分家长来说是没有问题的。但不少家庭在实际生活中却常常给小朋友们灌输自私、自负、个人主义、损人利己等错误思想。小朋友和家长们想想是不是存在这方面的问题，例如：

反复诱骗进食——诱骗中大量使用"最"字，即最大的、最甜的、最香的给宝贝吃，不给奶奶、爷爷吃。这样，无意中灌输了不要孝顺老人的思想。

表扬无度——对孩子说："宝宝最听话，宝宝最懂事，宝宝吃得最快，世上只有宝宝好。"这在无意中不仅使孩子以后听不得批评，而且养成傲慢、固执的个性。

百依百顺——孩子要什么就给什么，而且挑好的贵的东西买。这样不仅使孩子沉溺于安乐，而且无形地灌输了自负思想，更使孩子养成不爱劳动的习惯。

特别值得引起重视的是"家奖"问题。现在的"家奖"在变调。变调的特点有三方面：

一是筹码越变越高。有一家庭对其宝贝儿子从上幼儿园开始，先奖励糕点糖果、饮料水果，而后改为奖励钢笔、书包。上学后则以期中、期末的考试分数为标准，按分数线奖励自行车、游戏机和外出旅游等。

二是"家奖"名目繁多。考试成绩优异要奖，戴上红领巾要奖，当上了班干部要奖，家庭作业得了"红星"要奖，家中来人有礼貌要奖，自己的衣服自己洗要奖等等。

三是奖励越来越怪。据一位小学生说，在家中为其父母擦自行车可得奖 4 元钱，洗碗、扫地、擦皮鞋、洗袜子均可得奖 2 元……家长还美其名曰"奖学金"。有的家庭对其子女吃饭不挑食和打架不吃亏都要给奖。

对这些"家奖"，人们是怎样看待的呢？说法也有三种：

（1）现在的孩子都是独生子女，这些"小皇帝""小公主"实在难管，只要能学好，我们花点钱也心甘情愿。

（2）有些东西本应给孩子添置，而用这种方法，既促进了学习，又添置了必需品，岂不是一举两得。

（3）现在社会都这样，孩子一回到家就告诉我们，同学又得了什么奖什么奖的。再说我们不给，爷爷、奶奶会不高兴，他们照样会给。

一些老师、家长和小朋友则认为，这样奖那样奖，不是爱护孩子而是害了孩子，最大的危害在于造成孩子弄虚作假，欺骗家长，养成孩子贪得无厌的不良习惯，造成孩子不健康的心理。

以上讲的是家长对孩子的心理卫生、心理健康的一些做法和看法。

学校、教师对孩子的心理卫生、心理健康是怎样看待和怎样做的呢？我们了解的情况表明，总的来说，学校领导和教师在认识上是重视对学生的心理卫生、心理健康的教育的。但这是远远不够的。这表现在：

①一般教师不管学生的心理卫生、心理健康等教育，而把一切都推给班主任做。

②学校领导平时不重视学生这些问题，当发现学生这方面的问题严重时，他们才来解决。

③不管班主任也好，学校领导也好，一般预防不够，都是采取事后进行处理为主，也就是说，采取的不是"疏"的办法，而是"阻止"的办法，只治"标"不治"本"。

④平时和家长联系不够，一般只采取开家长会，或发现问题时才和家长联系的办法。

总而言之，孩子在心理卫生、心理健康等方面存在的问题是十分严重的。如果不引起高度重视，那是十分危险的。

为了使小朋友们能及时、有效地解决心中的烦恼（从科学上来讲就是人们所说的心理卫生、心理健康问题），下面我们选择了同学中普遍存在的问题，提出我们的看法，和小朋友及家长们一起讨论。

这些问题是：恐惧心理、虚荣心理、盲从心理、妒忌心理、自卑心理、模仿心理、自尊心理、怕羞心理、爱美心理、多疑心理、逆反心理、孤独心理。

（二）孩子有恐惧心理怎么办

成都市和尚街 14 号是一片保存完好的典型川西四合院民宅。连日来，从大门口到灵堂近 20 米的巷道两旁摆满了社会各界人士送来的花圈。吊唁人数已逾 10 万人次。如此隆重自发地祭奠一个普通的孩子，在中国应该说是一个罕见的事情。死者陈明志是成都市 51 中初中一年级学生，因不堪忍受同学勒索欺凌而悬梁自尽。

灵堂正中墙上，加了黑框的陈明志大幅照片上，一双忧郁的眼睛不解地注视着前来哀悼的人们。

1995 年元月 3 日下午，他一个人在家，静静地写好两封遗书：

"亲爱的妈妈、爸爸、婆婆，还有全班同学再见了……妈妈，我从到了 51 中后××同学在学校里每天都打我，我不敢对你说，如果你去学校说他几句，第二天，他就会打我。12 月二十几日你不是给了我 42 元钱吗？我交了 34 元。掉了 2 元，给了×× 2 元，修自行车 1 元，还有 3 元在桌子上。我今天自杀是××笔（逼）我的，他叫我给他 10 元钱，如果不给下午就要打我。我又没有钱，只有自杀。今天早晨他还打了我……"

另一封"遗书"写道："亲爱的妈妈、爸爸、婆婆，还有全班同学再见了……妈妈，你一个人养了我 12 年了，我要什么你就给我买什么。我陈明志对不起你，妈妈。妈妈我有两个愿望：那就（是）你以（后）要对婆婆好一点；以后不要和爸爸打架。你能答应我吗？"

写好后，小明志将口袋里剩下的 3 元钱连同遗书压在桌子上，用一根绳子诀别了美好的生活。在街上摆烟摊的妈妈 6 时许回到家，

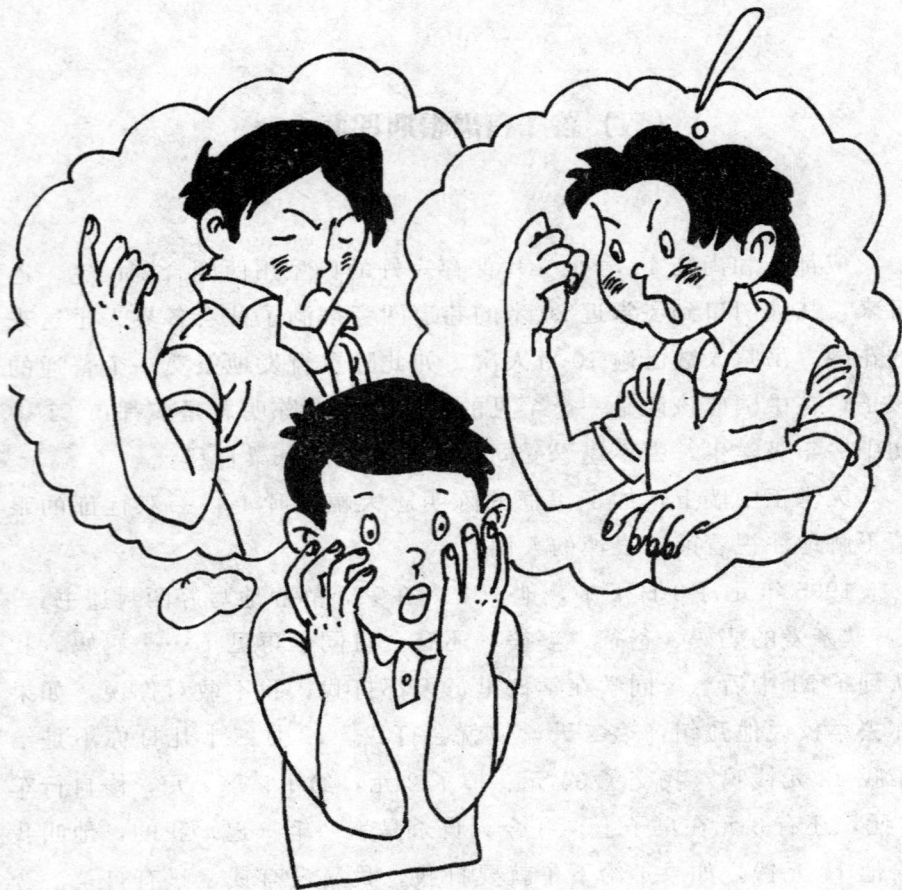

看到直挺挺地挂在屋子里的儿子时当场晕倒。待邻居用车将陈明志急送医院抢救，为时已晚。

一个乖孩子就这样在亲人、老师和同学的视野里消失了。

据陈明志的同学说，开学以来，××经常无故打陈明志，经常叫他陪××出去玩，上课故意迟到，耽误学习，学习成绩下降，受到老师批评。

据这些同学说，班上的同学曾向老师反映过××欺负同学的事。

去年 11 月 （1994 年）起，他们每天在班上搜集××打人的事实材料，写成小条子悄悄递给班主任。还有同学召集全班女同学向老师反映××在女同学面前耍流氓一事。不料这个同学却遭××同学打。去年 12 月，××叫一个同学给他买旅游鞋，这个同学因拿不出钱买鞋，吓得一个星期没敢到学校来上课。

这些同学还证实，元月 3 日上午，过完元旦上课了，××一见面就威胁陈明志等 4 名同学每人拿 5～20 元钱给他。其中一个拿不出钱的同学吓得还没下课就逃出了课堂。而没逃脱的陈明志当即被××用砖头砸青了脚。不敢上告的陈明志哭了很久。第二天上午，当同学告诉××"陈明志自杀死了"，××嘿嘿一笑："哪（儿）有那么严重哦。"

"你们告诉来采访的记者不怕挨打吗？"

"叔叔阿姨报道了这事，我们的日子要好些。"他们答道。

在灵堂里，一群 8～10 岁的小学生在抄写陈明志的"遗书"，记者问及用途时，他们说："给爸爸、妈妈看，怎么样避免这种事的发生。"

造成这一悲剧的原因是多方面的。其中一个主要原因是与陈明志怀有恐惧心理、怕被打，不敢告诉父母、老师，不敢起来斗争有关。如果陈明志坚强一些，那么，这一悲剧就不可能发生。而这种恐惧心理，在学生中是普遍存在的。根据北京、上海、西安和成都等城市的抽样调查表明，初中生 29％存在着不同程度的精神卫生偏差，43％心情压抑，其中恐惧心理、不敢与坏人坏事作斗争的心理更是普遍存在。所以，这是一个值得人们重视的问题，千万不能掉以轻心。

这种恐惧心理是怎样形成的呢？

恐惧心理并不是天生的，"初生牛犊不怕虎"，小朋友们敢用手去抓火中的东西，就是一种证明，但他们又往往害怕许多事物，恐惧心理是一种具体的表现。产生恐惧心理的原因是：

①有些恐惧心理与一件事情有关。比如，被狗咬过的孩子对所有的狗都会害怕。一个被车子撞倒过的孩子做梦也会梦见发生了交通事故，并且会害怕穿过马路。被打过针的孩子会害怕到医院去。幼儿园的儿童会因为被教师训斥，而赖在家里不愿意上幼儿园，等等。一朝被蛇咬，十年怕草绳。就是说恐惧心理的形成和某一件经历过的事情有关。

②儿童有恐惧心理是成人灌输给他们的。比如，母亲害怕老鼠、小昆虫，那么幼儿可能也会对这些东西感到害怕。世界上根本没有什么鬼、地狱之类的东西，成年人讲给儿童听，使儿童感到恐惧。

③有些恐惧心理是由于社会上一些不正常现象造成的。比如一个孩子有一天在路上看见一个歹徒在行凶杀人，或者看见一辆汽车把一个行人压伤了，或者孩子自己在学校门口被小流氓打了，等等，都可以使孩子产生恐惧的心理。如果孩子的承受能力差，那么，孩子的恐惧心理在较长时间内不会消失。

④有些恐惧心理是由于自然界的变化而造成的。如：下大雪把房屋压倒，地震把大量的人口吞没，江河决口，火山爆发，都可以使人产生恐惧感。

怎样才能克服儿童的恐惧心理呢？家长要注意以下几点：

（1）以身作则。

1982年冬末，蔡立丰降临人间。他的父母是黑龙江省北安市郊区某林场的工人蔡忠南和张玉华。一年后，蔡立丰被确诊为患有先天性遗传血液病——血友病甲。病人因血液中极缺第八凝血因子而经常导致皮下出血、关节内出血，并且随时可能发生颅内出血而死亡。母亲是这种病的携带者。目前还没有治疗的办法，只能靠输血维持。

立丰一天天地长高了。可是他不知道自己有多高，因为关节内出血总是使他的胳膊和腿弯曲着。8 岁时，立丰上学了。然而，多少次钻心的疼痛使他在课堂上哭起来。立丰每一次剧痛难熬时，蔡忠南和张玉华夫妻俩便背起他，到 85 千米以外的北安市医院输血。然而，输血只能维持 24 小时，疼痛还是一日复一日地加重起来。立丰以及他的父母都沉浸在痛苦之中，特别是立丰，怀着对死亡的恐惧，度日如年地生活着。

1992 年，他的父母终于打听到，哈尔滨医科大学附属医院的姜洪池教授，曾于 1989 年做过世界首例全脾移植手术，第一次战胜血友病甲。这给他们带来了一线希望。两个人摸出床褥下仅存的几百元钱，又卖掉了彩电、录音机、自行车……最后，他们的家产只剩下一间破草房，邻居们怎么都不忍心再买他们的东西了。

他们所在的林场经营不景气，当年只发了 3 个月的工资。尽管这样，拮据的林场工人仍不约而同地伸出援助之手，10 元，20 元……有人甚至送来了存折。捧着这带着无限情意的钱，夫妻俩给众人跪下了："大伙的情债，我们一辈子还不起呀！"众人把这家三口送往车站："保重啊，三个人要一块回来呀……"

本来张玉华想用自己的脾，但检查结果她的脾第八凝血因子含量过低，不宜使用。爸爸蔡忠南决定担任供脾人。1992 年 12 月 23 日，当张玉华颤抖着手在手术协议书上签字时，她知道，她赌上的是她生命的全部——因为这是极其危险的、成功率不大的手术啊！一旦失败，父子两条命都保不住！

小立丰做的手术在世界上尚无先例，为此，医院的各科室做了最充分的准备。手术时，面对脆如血豆腐的脾脏和细线般的血管，姜洪池教授偕同吴业权教授细心地切割、缝合……

手术后的第三天，一直守候在病床前的张玉华惊喜地发现，小立丰弯曲的手臂伸直了。医生宣布：孩子体内第八凝血因子含量自然上升了 28 倍，关节内出血止住了。同时，蔡忠南的剩余的脾脏功能也正常了。

5天后，父子见面了。静静的病房里，刚刚从死亡黑谷携手走出的他们，激动得哭了……

小立丰对死亡的恐惧感也立即消失了。

小立丰的父亲以自己的生命为孩子做出了榜样，从而根除了小立丰的恐惧心理。

有些家长，之所以不能有效地克服孩子的恐惧心理，就在于他们没有认识带头克服困难的作用。比如，叫孩子在夜里不要害怕，但不去讲明其道理。又如，面对杀人抢劫的歹徒，自己不但不上前搏斗，反而害怕得要命，又怎能教育孩子不害怕呢？

（2）不断实践。

家长要创造一些条件，让孩子去实践。小朋友们也要大着胆子或在大人的陪同下去尝试一番。比如，孩子怕黑暗，就叫他反复地到一间黑暗的屋子里去拿一个滚进去的皮球。开始时可以让家长陪他一道走进去，以后再慢慢地让他自己一个人进去。这样反复多次，就能较为有效地克服对黑暗的恐惧。又比如，孩子怕登高，对爬高有恐惧心理，这时，就可以随家长去旅游，去爬山，有意地去悬崖峭壁，这样反复几次，他们怕登高的恐惧心理就可以克服了。

家长有时对他们说："我不喜欢你这种胆小的孩子！""你为什么胆子这样小？""你是个怕死鬼！""来，摸摸这只小猫，它不会咬你的！""你去把那只小狗抱过来，不要怕！"有的是运用"假设说服"法："老虎都被关在动物园的铁笼子里，是跑不出来的，你为什么要害怕呢？"

其实上面这些话都是在鼓励他们大着胆子去试一试，怎么会让他们吃亏呢？

（3）正确对待。

正确对待是说对待克服恐惧心理的方法应该正确，而不应该轻举妄动，采取不明智的行动。比如上面受同学欺负而自杀的陈明志同学，虽然他很值得人们同情，但是，他采取的自杀这一克服恐惧的行动我们是不能赞同的。为什么？因为他的方法不正确。正确的方法应该是报告家长和老师，或者报告公安部门。

下面这个事例中的李某和陈明志的情况类似，但却采取了不同的处理方法。李某的方法对不对呢？请看李某下面的故事。

1994年5月10日清晨，铜山县太山乡桃园村的芦苇地里发现一具男尸。经公安机关侦查，死者叫李新成，现年18岁，系本村村民。凶手是该村刚满15岁的少年李某。

李某小小年纪为何行凶杀人呢？剖析全案，发人深省。

时间追溯到1993年10月的一天，当时李某在街上看中一件背心，身上无钱，遂向李新成借5元钱买下。平时被父母棍棒打怕了的李某深知若将这件事告诉家人，又免不了一顿毒打，于是，他决定积攒零花钱还账。

事过半个月，当李新成向李某索要欠款时，李某仍身无分文。李见索款无着，气愤地说："你今天如不还清，从今以后每天长1元。"自此，一个无形的包袱便压在了这个天真无邪的孩子身上。

1994年春节刚过，李某便主动将积攒下来的零用钱连同过节父母给的压岁钱一共25元全部给了李新成。李接过钱说："剩余的钱，什么时候给？"李某答道："一有钱我就还你，请你不要将这件事告诉我家人。"不久，李某又将自己积攒的5元钱给了李新成。李数了数钱说："按每天1元计算，你还欠我155元，零头免了，你再还150元就行了。"李某答应有钱就还，并再次请求李新成不要把借钱的事告诉他父母。

5月9日傍晚，李某在从地里栽完棉花回家的途中，又与李新成相遇。一见面，李新成便开门见山地说："今天晚上，你必须将欠的钱还清！"尽管李某苦苦哀求，李新成毫不松口。

贪得无厌的李新成万万没有料到，被他逼得走投无路的李某也在谋划对策：你李新成也欺人太甚，长这么多利息我都没说啥，再缓一天都不行。若同意再缓一天，明天我借钱还你，如不然，我就杀了你。李某越想越恼火。

当晚 8 时许，正在家里为无钱偿还"高利贷"而发愁的李某，忽然听到门外的口哨声，他知道这是李新成又来找他要钱了。他先来到厨房拿了一把斧子别在腰间，然后只身走了出去。一见面，李新成便迫不及待地问："钱带来了吗？"李某恳求道："再缓一天不行吗？明天晚上我一定还你。"两人一边说，一边走，不知不觉来到村中的一片芦苇地里坐下。经过一番讨价还价，最后李新成仍坚持当晚清账，否则，今晚就找李某的父母要钱。钱迷心窍的李新成并未想到，就在这时，丧失理智的李某趁其不备，已抢起利斧朝他的头部狠狠地劈去……

一起因 5 元钱引起的纠纷终于以一死一囚画上了句号。人们该从本案中吸取什么教训呢？

教训是很多的，至少有三条：一是李新成太贪得无厌、欺人太甚；二是李某父母棍棒教育害了自己的儿子；三是李某处理方法不对。本来李某完全有理，不用采取杀人的方法去处理这一债务而稳操胜券的，但他没有这样做，结果做了阶下囚。

由此说明，克服恐惧心理的方法一定要正确，不然，后果将不堪设想。

（三）孩子有虚荣心理怎么办

什么是虚荣心理？先看下面一个故事：

　　铸钢厂有个青工，长得仪表堂堂，可至今仍然没娶上媳妇。要问为啥？他有个毛病，虚荣心特别强，最近又把自己打扮得像个"业余华侨"。

　　有一天，他路过一家个体时装店，见里面正在卖进口西装，急忙凑了上去。虽说他身上从里到外几乎都是洋装，遗憾的是还缺一套进口西装。买一套高级西装起码要 1000 多元，对于每个月只有 300 多元工资的他来说是一个不小的数目，只能望衣兴叹了。眼前这批西装每套只用 300 元，虽说不上档次，但毕竟是进口货，他思忖再三，终于挤上去买了一套。

　　回到宿舍，他迫不及待地换上刚买回来的那套进口西装，对着穿衣镜照来照去，十分满意。他这只口袋摸摸，那边衣角翻翻，忽然从口袋里摸到了一张类似名片模样的硬纸片，不由得心中窃喜：难道买一套便宜西装，还能得到一样贵重的东西？他急忙掏出来一看：咦，原来是一张印刷精美的小纸片，上面写着一行行弯弯曲曲的洋文。是美金？港币？看来都不像，想了半天，他忽然想起来了，进口西装袖口上都有一个商标，而这套西装却没有，肯定是裁缝师傅忘了缝上去。他立刻找来针线，把小纸片缝到了袖口上。再一照镜子，哇！确实比原来神气多了。

　　打扮完毕，他挺着胸脯来到厂里。工人们见他穿着一套挺酷的西装，都有意无意地向他打听这套西装的价格，他伸出一个手指说："1000 元！"

　　正在这时，厂医务室的王医生来了，他是懂洋文的。见大家围着青工看西装，不由得止住脚步也看了起来。这一看，却使王医生吃惊不小。

　　这是什么道理呢？

　　原来那小纸片是张死亡通知书。那套进口西装，是从死人身上剥下来的。

王医生一说，那个青工羞得无地自容，面红耳赤，赶快溜回宿舍去了。

这就是虚荣心理。虚荣心理，就是俗话所说的"死要面子"，"打肿脸充胖子"。这个青工明明工资收入不高，偏偏要装阔气买什么进口西装，结果，使自己出了洋相。从心理学的角度看，它是一种追求虚假外表的性格缺陷，是一种被扭曲了的自尊心。人都有自尊心，总希望在群体中能得到别人的尊重，获得真正的荣誉，这是合理的，正常的。在少年儿童中间，有些人为了满足虚荣心理，考试时作弊，希望取得好成绩，以得到同学及家长的称赞。有些学生做好事是为了能评上"三好"学生，而不是出于公心。有些学生明明错了而坚持自己的错误，拒不改正等等，这些都是虚荣心理的表现。培根曾经说过："一切恶行都围绕虚荣心而生，都不过是满足虚荣心的手段。"培根的话揭露了虚荣心理的本质。所以，每一个人都要警惕虚荣心理的产生，特别是少年儿童更应如此。如果从小就养成这种心理，那么，以后要改正是比较困难的。

虚荣心理的表现形式很多，主要有以下几点。

（1）吹嘘和炫耀自己。

吹嘘和炫耀自己的目的是以此来抬高自己。有这类虚荣心理的人特别多。明明没有去过香港，却要说去过多次；明明不认识某某经理却要说他是自己的亲戚；明明是一个能力很差的人，却偏要说自己能力如何如何强等等。

同学中也存在这种现象：在家里本来不用功，却要说怎么怎么用功；没有见过大象，却说骑过大象；没有坐过飞机，却要说曾经坐过。

吹嘘和炫耀自己的目的就是要博得别人的尊重，从而抬高自己。

（2）无根据挑剔别人的毛病。

挑剔别人的毛病或错误，这是一种间接的自我吹嘘；爱挑剔别人缺点的人常常会私下议论别人。这样就可以显示自己没有这些错误。比如，在离开剧场时，这种人会说："演员呆头呆脑，布景简直令人作呕，情节十分松散，整个戏十分荒谬。编剧者是一个大笨蛋。"其实，他对戏剧是一窍不通。有些同学看了别的同学演戏，他也会说："这有什么了不起，我演得比他好。"可他从来对演戏一点兴趣也没有。

这些人的特点是处处想把别人说得一无是处，从而反衬自己的高明。

（3）无中生有，乱说一通。

请看下面一个故事：

一个猎人头一次去打猎，他沿着森林往前走，胆颤心惊地左顾右盼。突然，前面传来了野兽的咆哮声和树枝的断裂声。猎人吓破了胆，马上爬上一棵松树。在树上，他看见森林动物中的两个大力士——熊和野猪在打架。它们打得你死我活，两败俱伤，最后，都因伤重而死去。

猎人高兴极了。他从树上跳下，一口气跑回村子，洋洋得意地对人们说："我把熊和野猪都打死啦！你们快去看吧！"人们赶到森林，果然看见两只大猎物。于是大家都夸赞起这位勇敢的猎人来。猎人的目的就是想抬高自己在别人眼中的地位，增加自己的威望。

在生活中这类人很多，他们往往用错误、缺点指责别人，而功劳荣誉都属于他自己。

（4）冒不必要的风险。

这些人喜欢出风头，所以常常会干出许多冒险的事来。比如，以开汽车来说，他们会肆无忌惮地开快车，快得使人瞠目结舌，而他们却得意洋洋，成了不可一世的英雄。他们这样做的目的就是要一鸣惊人。

这些人有时为了出名，会干出许多耸人听闻的事来。比如有一个年轻人为了出名，驾机直闯克里姆林宫，结果成了阶下囚。

以上是四种虚荣心理的表现形式，当然还有其他形式。从这些形式我们可以看出虚荣心理的特点：一些人为了达到别人对他的尊重、尊敬，往往采取不正当的手段进行一些活动。

虚荣心理是在日常工作、学习、生活中不求实际的一种变态心理，实际上也是一种自卑心理的反映。

怎样才能克服虚荣心理呢？主要要注意做到下面三点：

（1）确立理想。

俄国著名作家列夫·托尔斯泰曾经说过："理想是指路明灯，没有理想，就没有坚定的方向；而没有方向，就没有生活。"

一些虚荣心理极强的人，就是因为没有树立理想，人生的目标不明确。一个树立了远大理想，确立了人生目标的人，他会把全部精力投身到实现他的理想中去，他根本没有时间去做那些没有实际价值的事情。所以，我们认为理想的确立是克服虚荣心理的重要方法。特别是对少年儿童，这点特别重要，只有树立远大的理想，大家的注意力和精力才会集中起来，才会有动力，才会努力地去学习。

小朋友们怎样才能树立远大理想呢？这主要靠老师和家长的帮助，因为他们和你们生活在一起的时间最长，他们最了解你们。

（2）水到渠成。

什么是水到渠成呢？先看一个实例：

有一天晚上9时许，郭志成参加广州市"残友会"活动后，返家途经沙面附近，得知有人失足落水。落水者的亲人不会游泳，急得跪在地上大声呼救。郭志成不顾自己身残，"扑通"一声跳入江中。夜里浪急，郭志成一次又一次潜入水下摸寻，终于摸到了落水的少女，奋力将她托出水面向岸边游去。

由于救人心切，郭志成下水时未及脱下假肢。江水灌入假肢后，大大增加了他在水中活动的难度，他渐渐感到体力不支。他边游边吃力地呼救。两个路过的男青年听见呼救声，也跳入珠江，与郭志成一起把少女救上了岸，又及时对她进行人工呼吸。当少女醒来时，郭志成等三人已悄然离去。今年30岁的郭志成，是广州铁路分局广州水电段工人，原在电力大修班，在一次意外事故中受伤，截去了一条腿，调当门卫。

事后，广州铁路分局做出决定，给郭志成记大功一次，晋升一级工资。郭志成的荣誉是他冒着生命危险奋力救人得来的。这好像筑渠一样，没有水，水渠是不成为水渠的。有了水才叫水到渠成。荣誉以及别人对你的尊重、尊敬，这只是一种结果，只有先做出了成绩，党和人民才会给你荣誉。而一些有虚荣心理的人，他们不懂这个道理，只想通过种种不正当的手段骗取荣誉，结果只能适得其反。

我们认为，水到渠成是克服虚荣心理的一种较好的方法。只有那些勤勤恳恳工作，为人民做出贡献的人，才能得到荣誉。而那些投机取巧、虚荣心理极强的人是不可能得到和享受荣誉的。就算一时骗得了荣誉，那也是不可能持久的，尾巴总有一天会露出来。

（3）虚心学习。

爱因斯坦成名以后，各种荣誉纷至沓来。他不但获得了诺贝尔物理学奖和富兰克林奖章，以及各国给予的教授、院士等荣誉称号，而且还成为一些国家总统和国王的座上客。但爱因斯坦却没有沉溺在这些荣誉上，而是时刻警觉，保持着清醒的头脑。

在一次专为他举行的宴会上，一些人对他说了一大堆赞扬的话，爱因斯坦听了很是反感，就大声说："如果我相信你们说的好话是真实的，那我就是一个疯子了。因为我不是疯子，所以才不相信。"

有一次，一位朋友告诉爱因斯坦一个故事："你的名声之大，达到了难以置信的地步。有两个美国大学生打赌：从美国发出一封信，信封上只写爱因斯坦的名字，看能否寄到？"爱因斯坦笑着插嘴说：

106

"信收到了，而且是按时收到的。这只能说明邮局的工作做得好啊！"

1929年3月14日是爱因斯坦的50寿辰，全世界的报纸都发表了有关他的文章。在柏林的住宅里，装满了好几篮子从世界各地寄来的祝寿信件。但是，他在几天以前就到郊外一个花匠的农舍里躲起来了。他9岁的孩子问："爸爸，您为什么那样有名呢？"爱因斯坦听了大笑说："你看，瞎甲虫在球面上爬行的时候，它并不知道它走的路是弯曲的。我呢，正相反，有幸觉察到了这一点。"

爱因斯坦的声名越大，他就越谦虚谨慎，生活朴素，忘我工作。他说："舒适和安逸，从来不是我的生活目的。我把那种道德准则叫做猪猡的理想。"

看了上面的一段话，爱因斯坦对待荣誉的态度大家就十分清楚了。他并没有沉溺在荣誉上，而是更加忘我地工作。而一些虚荣心理的人正好相反，削尖脑袋要把不应该属于他的荣誉抢到手。结果往往是事与愿违，达不到目的。

在这里，我们真诚地希望小朋友们，要虚心地向爱因斯坦和其他英雄模范人物学习，学习他们不为荣誉所动的高尚品质，正确认识荣誉，克服头脑中的虚荣心理。

（四）孩子有盲从心理怎么办

什么是盲从心理呢？请看下面的故事。

有个地方，住着一个老婆婆。儿子从外地捎信来了，她想找个人给念念，就呆在路边，等着来人。一个武士走过来了，老婆婆对他说："请您给我念念这封信吧！"武士把信接过去看了看，过了一会儿，竟"叭哒，叭哒"掉起眼泪来了。老婆婆一看，忙问："武士老爷，信上写了些什么？如果是我儿子出了什么岔子，不管什么倒霉事，我决不会吓瘫的，也不会哭晕的，快点告诉我吧！"可武士听也不听，只是一个劲地哭。老婆婆想："一定是我儿子碰上倒霉事了。"她也哭起来了。

这时，一个卖砂锅的人挑着担子过来了，他一看武士和老婆婆哭得像泪人似的，就放下担子，也跟着他们哇哇地大哭起来。

一个过路人走过这里，一看这情景，先问卖砂锅的："喂，你为什么哭呀？"卖砂锅的说："去年这个时候，我想赚点钱，出来卖砂锅，结果全都被砸碎了。我想大哭一声，可是因为太忙了，一直没工夫哭，今天在这儿碰见他俩哭，使我想起了那件事，所以伤心得哭起来了。"

过路人又问老婆婆："那么，你为什么哭呢？"老婆婆说："我儿子捎来一封信，我想求武士老爷给我念念。他看了信后一言不发，一个劲儿地哭，我想多半是儿子出了什么事，我惦念他，心疼他，忍不住哭了。"

过路人接着问武士："那么，您为什么哭呢？武士老爷。"武士回答以后，大家马上就不哭了。

你知道武士为什么哭吗？

武士回答说："鄙人说来实在难为情，小时候，因为不爱学习，一个字也没念过，所以拿到这封信竟一个字都不认识。想想非常后悔，不由得就哭起来啦。"

上面讲的故事是一则笑话，这几个人大哭的表现，说明他们有盲从心理。还没有问清事情的真相，就盲目地去学去做，跟着别人起哄，常常会跟着别人一齐上当受骗，给自己带来不良的后果。

在同学中，盲从心理也普遍存在着。严重时转化成盲目崇拜，追星族就是其中最突出的例子。由于盲目崇拜港台明星，给青少年的心理损害是极大的。请看下面触目惊心的事实。

天津市河东区心理卫生协会门诊部相继接待了 3 名因过分崇拜港台歌星、使生活失去平衡而得了追星"梦幻症"的女学生。

据河东区心理卫生协会门诊部的心理专家介绍，这 3 名家住河东区的学生都是初中生，对港台歌星的崇拜已经到了如"痴"的程度。她们先后拿自己的零花钱买了许多歌星的影照，贴在自己的房间、床头、写字台玻璃板下，有的还贴在文具盒及自行车上，除此之外，见了新出版的港台歌星录音带就购买。其中，今年刚上初中二年级的一位女学生，每月为此花销达 80 余元。据这几位学生的家长反映，她们进门的第一件事就是打开录音机听港台歌星的歌曲，经常听到深夜，有时吃饭还戴着耳机听，最近连作业都不想写了。

前不久在她们身上出现了一种怪现象：她们一闭上眼睛就出现港台歌星的影子，还有一种要和歌星成婚的欲望。因为这些梦幻难于实现，她们就经常失眠、烦恼、头痛，对生活失去信心。

杭州一位 15 岁的女孩，曾为一睹"明星"光彩，死缠活磨要父母掏 500 元钱购买门票，家长不依，她竟以绝食相威胁。另有一位女学生竟暗地里去卖血，以换取一张高价的门票。

请看，这些同学已荒唐到何种程度！这种现象怎不令人担忧？而这一切，主要是由于孩子幼稚，有盲从心理引起的。怎样才能使孩子克服盲从心理呢？主要从两点着手：一是要提高自己的观察能力；二是要提高自己的独立分析能力。

（1）提高孩子的观察能力。

观察能力对克服盲从心理是十分重要的。请看下面一个实例：

德国著名内科医生约翰·舍莱恩有着高超的医术，他在启发和培养学生的观察能力方面也有着独特的方式。

有一次上实习课，他给学生讲道："作为一个医生，应该具备两种品质：第一，不苛求清洁；第二，要有敏锐的观察力。一些老医生在诊断糖尿病时，往往亲口尝一尝病人尿液的味道。"

说完，舍莱恩给同学们进行了示范——把一个手指浸入盛有尿液的小杯子里，然后伸到嘴里舔了舔。做完这个动作，舍莱恩问学生：

"谁来试一遍？"

学生们你望我，我望你，感到为难。这时，有一个勤奋的学生仿照老师的做法，用手指伸进尿液杯，尝了尝尿液的味道。但是，舍莱恩却批评了他。

这是为什么呢？

舍莱恩摇摇头对那个学生说："同学，你的确不是洁癖，这很好。但是，你同样也没有观察力。你并没有发现，刚才我把中指浸入小杯里，而舔的却是无名指。"

这个学生对老师盲目崇拜，认为老师那样做，他也应该那样做。由于他忽视了观察，结果反而受到了批评。由此可见，观察是克服盲从心理的一种有效的方法。

怎样培养小朋友们的观察能力呢？

第一，要有明确的观察任务。如果一个人无目的地去观察一切，就不能把自己的注意力很好地集中起来，就会对许多事情和现象熟视无睹，结果只能是一知半解，发现不了问题。相反，如果目标明确，观察就会持之以恒，才会得到收获。请看下面的实例：

法国著名昆虫学家法布尔，自幼爱好自然，经常观察昆虫的生活情况，晚年他详细观察并研究了栖息于未垦地中的各种昆虫和蜘蛛。他观察的热情，简直到了如痴如醉的境地。为了了解昆虫的生活，他在野外有时纹丝不动地伏在地上，从太阳升起一直观察到太阳下山。有一次，几个村妇早上去摘葡萄，看见他躺在路上，睁大眼睛望着一块石头；到黄昏时，村妇们收工回家，看见法布尔仍躺在那儿。他为了捕捉一只昆虫，还常常跟着昆虫跳来跳去。

由于长期的观察，法布尔获得了大量关于昆虫生活习性方面的第一手资料和感性知识，后来他写成了 10 卷《昆虫记》，对世界产生了极大的影响。达尔文曾赞誉法布尔是"举世无双的观察家"。

只要观察有目的，就能发现问题、深化知识，也才能有效地克服盲从心理。

第二，观察要仔细。仔细观察，才能发现问题。粗枝大叶的观察是不起什么作用的。

第二次世界大战期间，在中立国瑞士南部一个边境小镇的火车站月台上，一天早晨，一名衣着考究但皮靴上沾有泥土的壮年旅客在等车，这时另一个旅客手持香烟向他借火。壮年旅客信手从上衣口袋里掏出一盒火柴给了对方，借火人用完火就客气地说："对不起，请拿出证件看一下！"结果该人在身上掏了一阵后无可奈何地说："对不起，忘了带啦！"借火人立即亮出瑞士秘密警察的证件，要求该人和他走一趟。最后该人以间谍罪被瑞士当局逮捕。

这名瑞士秘密警察凭什么识别出对方有可疑的地方呢？一是瑞士人出门旅行衣着都很整洁，而该人皮靴上沾有泥土，说明该人刚刚经过长途跋涉；二是瑞士人都用瑞士产的火柴，该人身上却带着意大利火柴，说明该人是刚刚爬越阿尔卑斯山偷渡进入瑞士的，而且身上没有证件。

这个警察所以能识别间谍，在于他的仔细观察。如果他不仔细观察，就会放过这个间谍。

第三，观察要有耐心。就是说当观察遇到困难的时候，要耐心地观察下去。只有这样，观察才会有结果。

1942年的一天，平托上校受命审查荷兰难民德隆格尔。德隆格尔看似诚实、自爱、自信，但经空军情报部门审查，认为该人可疑。平托上校对其进行了12天的审查，没有发现任何破绽，对所有随身物品仔细检查也一无所获，最后剩下一本有500页多的《英荷字典》。平托上校用放大镜逐页逐行逐字检查，终于在432页一个大写字母"F"下面发现了一个小小的记号，接着又发现了一系列带记号的字母。这些字母连续排列起来是：

"斯德哥尔摩福音肯·阿尼特·伊沙莱，哥列夫马格尼卡唐街13—V；里斯本费尔南多·劳雷罗，索隆·马丁大街。"

显然这是德隆格尔情报接收者的姓名地址。最后，他不得不交代自己的间谍罪行。1943年元旦，德隆格尔被处死。

如果平托上校没有耐心，不一页一页地检查到432页，那么德隆格尔将会漏网。所以，观察时一定要有耐心。

第四，观察要注意角度。对同一事物，由于观察的角度不同，会得出相反的结果来。所以，观察要注意观察角度。

有一年，乾隆皇帝要在一处殿阁的顶楼悬立一块"天子重英豪"的五字竖匾。按照清朝皇家惯例，凡皇宫内亭、殿、堂、宇立碑造匾，都应由皇帝亲笔题字。乾隆这次却一反原先的规定，要请别人来题写，而且草、隶、篆不拘一格。凡被选中者，要官封官，要银奖银。皇榜贴出以后，震动整个北京城。各部官员竞相献字，可没有一个让乾隆满意的。后来，有一个落第的举子，托一个长老将五个字送给乾隆，乾隆就召集几名大臣来品评。大臣一看，只见字体大小不一，于是个个都摇头。乾隆听了也不反驳，就命挂上去试试。挂上以后众臣抬头一看，只见"天子重英豪"五个大字，摆布得当，浑然一体，苍劲有力，与在下面看时完全两样。于是纷纷请罪，都说自己有眼不识泰山。

这是什么道理呢？

这是因为殿阁顶楼很高，又是竖匾，如匾上的字写得一般大，从下往上看，就自然出现上端字小、下端字大的毛病。这个举子按照近大远小的透视原理，故意将第一个字写大，依次按比例缩小，远看正好合适。

其实，这是观察角度不同的缘故。（这仅仅是对摆放物体而言，观察问题还存在思想方法的角度）诸大臣是从平地这个角度出发，所以认为字大大小小十分难看。而乾隆皇帝是从不同高度这个角度出发的，所以，挂上去以后正好合适。

这就是由于观察角度不同，观察的结果也不同。

（2）提高孩子的独立分析能力。

小朋友们产生盲从心理除了不善于观察以外，还和不会独立分析有关，所以培养自己的独立分析能力也十分重要。

怎样才能增强自己的独立分析能力呢？

首先，要经常主动争取独立思考的机会。如果老是由家长、老师代替你们思考，而自己懒得去思考，那么，独立思考能力的养成是十分困难的。

有一天晌午，邵康节（北宋著名哲学家）和他12岁的小儿子邵伯温在院子里乘凉，突然院墙外边伸出一个人头，朝院子中瞅了一圈，又缩了回去。邵康节问儿子："你说这个人瞅啥？"伯温说："八成是个贼，想偷东西，看见有人，又走啦。"邵康节就对伯温说："你说得不对。"接着又启发伯温说："伸出头的人若是贼，见院子里有人，便会立即缩回去。他见院子里有人，还是瞅了一圈，这说明什么呢？"伯温想了一回，就说是找东西。邵康节说："只瞅一眼，那是找大东西，还是找小东西呢？"伯温说找大的东西。邵康节又问："什么大的东西会跑到我们院子里来呢？那个人是农民的打扮，他会来找什么东西呢？"伯温答道："哦，他是来找牛的。"邵康节答道："对了，他是来找牛的。以后，你要多动脑子才好。"

像邵康节这样就是培养孩子独立思考的一个比较好的例子。只有让孩子自己去独立思考，才能有效地培养孩子的独立思考能力。

其次，在思考时要注意灵活性，不能被老的框框所束缚。请看下面一个例子：

小明和小张是一对好朋友。小明准备参加几个月以后举行的少年长跑比赛。小张每天陪他去训练。

当小明围着跑道一圈圈练跑时，小张就坐在跑道旁边看着小明跑。跑道一圈是400米，小明一共跑了10圈。

"小明，你刚才跑的这10圈，第2圈最快，第9圈最慢，第10圈和第5圈一样快。"小张对小明说。

"你没有带表来，怎么知道的呢？你是估计的吗？"小明很奇怪地问。"不是估计，我说的是非常准确的。"小张十分肯定地说。

这时，小明想不出是什么道理。原来，小张是根据自己脉搏跳动的次数来计算小明跑每一圈所用的时间的。因为小张一直坐着不动，所以他的脉搏跳动是稳定的，可以用来计算时间。

小明所以想不出来，就因为他脑子里有一个框框：只有手上有表，才能计算时间；现在小张手上没有表，所以他不可能计算出时间。这也就是说小明头脑不够灵活，所以想不出原因。由此说明，加强头脑的灵活性是进行独立思考的重要条件。

总之，要克服小朋友们的盲从心理，提倡独立思考，是改正这个缺点的根本办法。

（五）孩子有妒忌心理怎么办

请看下面的事例。

常某、韩某和刘某 3 人同是朝阳县高中毕业班学生。朝阳市师范专科学校今年在他们 3 人所在县区定向招收 5 名美术专业考生，他们 3 人都参加了高考前的专业考试，韩某、刘某两人都进入了前 5 名，而常某名列第 7，此时他心里有了名落孙山的危机感。

高考前一天，常某买来 3 瓶杏仁露饮料和一瓶"安定"药片，打开两瓶杏仁露，各投入几片"安定"。7 月 8 日中午饭后，常某取出 3 瓶杏仁露，把经过"处理"的两瓶分别给了韩某和刘某。两人见盛情难却，便喝下了饮料，常某不久便独自溜出宿舍，去了考场，而韩某、刘某两人却昏昏入睡……常某的丑行很快暴露，目前已被公安机关收容审查。

安徽有 5 个女工，妒忌同班上的一女工比她们长得漂亮。一天早晨，这 5 个妇女用腐蚀性很大的硝镪水洒到了这个女工脸上，使这个女工面目全非。这 5 个女工都被判了刑。

以上两个例子说明什么是妒忌心理以及它的危害性。

培根说："嫉妒永不休假。"司汤达说："嫉妒是诸恶德里面最大的恶德。"嫉妒是人的性格上的一种缺陷，从来就被认为是人类的一种恶劣的情感。有妒忌心理的人看到别人的容貌、才能、名誉、地位或境遇比自己好，便会产生不满以至憎恨，严重的甚至还会处心积虑地贬低、诋毁、加害对方。这一人性的弱点，古今中外，无不如此。

妒忌心理在同学中也普遍存在。请看下面的例子：

有一位学生是这样来描述她的妒忌心理的："我是生长在海滨城市的初中生，现在念初中二年级。不知怎么搞的，我最近一直处在被人妒忌和妒忌别人的痛苦心境中。

前些时候，我的小制作在校艺术节中获得'心灵手巧'奖，我

得到了学校的表扬。一些同学当面说我的好话，背后却说我'不务正业'、'好出风头'，我在人前走过，总有一些人在背后点点戳戳。为班级争了光，反倒招来这许多麻烦，我实在想不通。可是，我在被别人妒忌的同时，有时也犯妒忌别人的毛病。看到有的女同学穿得比我漂亮，觉得她是故意和我比美。发觉其他同学学习成绩比我好，有时心里也不舒服，怀疑他们是否考试作弊。我痛恨别人妒忌自己，可是我又情不自禁地时常去妒忌别人，这不是矛盾吗？我知道妒忌别人不好，可是不知道怎样摆脱这种心境。你说我应该怎么办？"

这是不严重的妒忌心理。有些妒忌心理严重的同学，甚至可以发展到造谣污蔑，开口骂人，动手打人，甚至杀人等地步。

所以，小朋友们的妒忌心理值得大家重视，不能掉以轻心。

妒忌，一般是由于下列原因产生的：

（1）欲望得不到满足。

以少年儿童来说，当他希望得到一件新衣服但没有得到，而他的同学却得到了，这时，这个孩子就会产生妒忌的心理。又比如，在学习上自己想得到好成绩，但总是达不到，而他的好朋友却得到了，这时也会产生妒忌心理。反之，如果想要得到的东西得到了，而别人却没有得到，这时，妒忌心理就不可能产生。

（2）受到不公正的待遇。

有一家人有两个儿子，妈妈、爸爸都喜欢大儿子。小儿子因为在学校表现不太好，所以妈妈、爸爸不太喜欢他，他得到的关心和爱还不及他哥哥的一半。这个小儿子就产生了妒忌心理，他对同学说："有一天，我会把他（哥哥）杀了！"

（3）不能转变错误观念。

看到别人的优点、长处，应该高兴，应该向别人学习，这是一种正确的观念。可是有妒忌心理的人却不是这样。看到别人的短处就沾沾自喜，认为别人不如他。看到别人有超过自己的地方，就认为不公平，不合理，于是就妒忌得不得了。这是一种错误的观念。正因为这些人抱着这种错误观念不放，不肯转变这种错误观念，所以，只能在妒忌的泥坑里愈陷愈深，其结果，非要闹出一些乱子来才肯罢休。

以上是形成妒忌心理的三个原因。谁只要具备其中的一个，谁就会产生妒忌心理。特别是第三个原因，更是产生妒忌心理的普遍原因，更值得人们注意。

克服妒忌心理，要注意以下两点：

（1）对孩子要一视同仁。

有一个六年级的女学生在作文中写道："我心里很苦恼，因为爸爸、妈妈对我和弟弟另眼看待。好衣服都给弟弟买，不给我买，我只能穿妈妈的旧衣服。好吃的东西都给弟弟吃，我只能吃弟弟吃剩的。弟弟做错了事，爸爸、妈妈一点都不批评、不教育；而我做错了事，却对我大喊大叫，有时还打我。这样的日子我实在受不了……"

这个女学生的遭遇的确值得人们同情，而反映出来的问题确是十分严重的。在一部分家长中，的确存在着这种对子女不一视同仁的现象。这种现象对孩子的伤害极大。这要引起家长们的关注。同时，同学们也不必灰心丧气，应当与爸爸、妈妈谈谈自己的看法，有些偏爱现象的出现，他们也是没有察觉到其危害。一旦有人提醒，他们也可能会改的。

事实也确是这样，家长对孩子的偏爱、溺爱不仅对孩子一点好处都没有，还会种下祸根，应当引起小朋友们的注意。请看下面触目惊心的事实。

1994年10月15日，四川省越西县华阳村郭学玉打死生身父母，然后服毒身亡，人们议论纷纷。60多岁的老村长感叹道："这是偏爱、溺爱酿成的悲剧啊!"

郭应中和杨中外1937年结为夫妻,生下三个儿子。老俩口对郭学玉特别偏爱,视为心肝宝贝。

郭学玉由于得到父母的宠爱,从小养成性情残暴、心胸狭窄、做事不计后果的习性。在家里老子天下第一,在学校经常与同桌争桌子。读小学五年级时,同桌同学手拐子越过"三八线",他就操起一根木棒,把同学打成重伤。郭应中夫妇心里十分内疚,医治好了受伤的同学,但对郭学玉连句批评的话都没有说。他们相信:树大自然直。

几度春秋,郭学玉三兄弟成家立业,各自独居。1983年,郭学玉看到自己的五个孩子一天天长大,欲建房子,苦于没有地基。上街请算命先生指点迷津,"先生"说:"你修房子很顺利,但你的父母活不过1984年。"郭学玉想,如果与父母合在一起生活,建房子有了地基,父母死后,可以独享遗产,真是两全其美。在父母的帮助下,郭学玉在父母旧房子的地基上修建了一幢新房子。

岁月匆匆,郭学玉见父母无病无痛,吃饭、劳动像50来岁的人,自己的美梦化成泡影,心中火冒三丈,经常与父母发生争吵,打骂父母成了家常便饭。1986年,郭应中实在怕了,逃到昭觉县三儿子那里去"避难"。两年后,郭应中带着自己拾破烂换来的1000多元钱回到华阳村,亲手把钱交给郭学玉。郭学玉不但不为之动情,反而还怪罪父亲挣钱少了,依然像过去一样折磨、虐待郭应中夫妇。1989年初,村组干部经多次调解无效,采取断然措施,让他们分家独居。

分家后,郭学玉看到父母仍然同自己住在一幢房子里,心中不是滋味,视父母为不共戴天的仇敌,经常以这样或那样的借口打骂父母。1989年冬天,老村长看到郭学玉把郭应中按倒在雪坝里,又踢又打,便冲上去把郭学玉拉开。事后,老村长建议叫公安局把这个家伙抓去坐几天班房。郭应中夫妇不仅不同意，还暗中商量：今后挨儿子打骂时，千万不可声张。从此，人们几乎没有听见过郭应中夫妇的痛哭、呻吟了。

看到父母被打不还手，被骂不还口，郭学玉更疯狂地举起罪恶的魔爪……

1994 年 10 月 15 日早上，杨中外和郭学玉之妻陈昌玉为争晒场晒玉米发生争吵。郭学玉也跑了过去骂老妈妈。郭应中在菜地里听到吵闹声，连忙跑回家哀求郭学玉，可郭学玉恶狠狠地猛扑上去对老头子拳打脚踢。一会儿，郭学玉手持一把锄头气势汹汹将房门砸开，老妈妈正坐在内屋门槛上喘气，郭学玉手起锄落，击中老妈妈头部右侧，当场七窍出血。郭应中从屋内跑出来："完了！完了！老妈子被锄死了……"连忙去抱老伴。郭学玉又朝老头子一锄下去，击中头部，右脑顿时脑浆飞溅，血流如注。郭学玉自知狗命难保，冲上楼去端起一瓶"氧化乐果"……

老两口没有呼救，没有反抗，默默地去世了……

请看，从小溺爱儿子，结果反被儿子杀死。这说明偏爱、溺爱孩子对孩子有百害而无一利。所有溺爱孩子的父母，都应从这里吸取教训，否则，其后果是不堪设想的。

（2）要不断充实自己。

一些少年儿童所以妒忌别人，是由于他们有些地方不如别的孩子，或是学习上不如别人，或是在与人交往方面不如别人等等。要克服这种妒忌心理，只有不断地充实自己，使自己在各方面也和其他孩子一样，心理才能平衡。

不断充实自己的原则是：你哪一方面不如别人，就在哪一方面充实。比如，在学习上不如别人，就要在学习上下苦功夫，迎头赶上去，甚至超过别人。如你在班上得不到大家的拥护，就要不断地提高自己的修养，学习怎样和人相处的方法，与同学搞好各方面的关系，时间一长，大家都会喜欢你、尊敬你了。

怎样才能充实自己呢？主要的方法就是要学习、学习、再学习。这个学习不是狭义的学习，而是广义的学习。不仅要学习书本知识，而且要在实践中学习各种知识。但不论学习何种知识，必须注意端正学习态度：一是要勤奋，二是要谦虚。离开这两点是学不到真正的知识的。

关于怎样勤奋、谦虚地学习，我国古代有许多动人的故事，我们从中会受到许多启发的。请看下面事例。

有一次，有一个人骑着马去野外游览，偶然发现了晋代大书法家索靖书写的石碑，就立即停下马来看了一会儿，觉得索靖的字也写得平平，并没有什么惊人之处。他走过石碑不远，又不放心地回来看了一遍，便觉得字还是写得不错的，有自己的特色，算得上是一位书法家。走了一段路之后，他心里还不踏实，于是又转回来再仔细地研究欣赏起来。这回他心服口服了。他对索靖的书法艺术极为倾倒，居然坐卧在石碑下面三天三夜，观摩欣赏，不忍离去。

我们这个时代人才辈出，学习条件也很好，何愁学不到知识，何愁不能超过别人，从而去掉妒忌的心理呢？

（六）孩子有自卑心理怎么办

自卑心理表现在各个方面。请看下面的事例。

"我是一个中考落榜的男学生，17岁。

中考落榜，好比在我头顶上响了一个炸雷，我对生活失去了勇气。这些日子，我不知流了多少眼泪。父母望子成龙心切，我的落榜，给他们打击很大，这样，我不但得不到父母的安慰，反而遭到指责，使我受伤的心冷到极点。我多想大哭一场，宣泄心中的郁闷和不满。

我生活在偏僻的农村，不愿像老一辈那样安安稳稳地过日子，我想有所作为。由于中考落榜，我的生活发生了很大的变化，失去了生活的目标，我只好从头开始。可是我在十字路口徘徊，根本就不知道该怎么办。以前我对自己是那么自信，现在不但失去了往日的自信，而且几乎有点绝望了。我多么希望能得到长者的帮助和指导。"

这是山东省胶南县一位姓崔的学生写给一位作家的信。从这封信中可以看出，这个学生内心十分苦闷，而且十分自卑，几乎失去了生活下去的勇气。

这是因为中考落榜而引起的自卑。

"×××：您好！

我是一个长得奇丑的人，不管是谁见了都要咋舌。因为丑，所以我不愿与人来往，整天一个人关在家里。有时，我也用精神胜利法来自我解脱：人活着，何不活得潇洒些。可是，生活中我又不得不面对现实。总有那么一些人，不知是因为我长得丑，他们看不顺眼，还是因为别的什么，总要对我冷嘲热讽。被他们说怒了，我也会愤愤地瞪他们一眼，可也得到了他们"善意"的回敬："瞪什么，越瞪越丑了。"接着又会轻轻地带上一句："像只癞蛤蟆。"此时，我能说什么？我再也不愿迈出家门一步，即使是邻居，我也不愿来往。我成了孤家寡人和隐居者了。可谁又能知我心！我从小就是一个爱玩爱闹、不知愁、不知忧的活跃人物，可现在我变得再也乐不起来，变得郁郁寡欢，十分自卑。你说我该怎么办？"

这是一个休学的女学生写给另一位作家的信。从信中可以看出，这个学生的自卑和上面一位男生的自卑是不一样的。这个女学生的自卑是因为自己长得丑。

"×××:

我有三个兄弟，我是老二。在三兄弟中我总感到自己不如他们俩。在父母的心目中，我也是无能、没出息。因此不管做什么事，父母都表现出对我的不信任，有事不是让老大去办，就是让老三去办。现在我长大了，父母还是认为我办不了事，我自己也总觉得不行。由于在家里形成了这种看法，在外面我也不敢大胆工作，生怕自己办不成事。有时一些事情我完全可以做好，但是，我没有勇气承担任务。我很苦恼，难道我一辈子就这样自卑下去？你说我该怎么办？"

这个实例中的自卑又和上面两种自卑不一样。

以上三个事例说明，自卑是多种多样的，形成自卑心理的原因也是各不相同的。

究竟什么是自卑呢？

自卑是一种性格上的缺陷，其主要特点是对自己的能力往往估计过低。像上面第三例中的老二，其实他的办事能力并不比老大、老三差，可是由于从小家人对他不信任，不让他去办事，久而久之，便产生了自卑的心理。

像上面的第一例，这个考生没有考上高中，落榜了，固然值得人们同情。但是，由此而"失去了生活的勇气"，"几乎有点绝望了"，产生了悲观失望的自卑心理，这就不正确了。人生的道路是曲折复杂的，如果由于落榜这一点挫折而悲观失望，那么以后碰到更大的挫折，那将怎么办呢？这个考生之所以这样，主要是他对自己的能力估计得太低的结果。这次落榜了，不等于下次也会落榜。更主要的，如果真的不能上学，决不等于没有其他的路可走。在这方面，我们应该向个体发明家葛晓峰学习。5年前，葛晓峰高中毕业时，曾报考我国的名牌大学——清华大学，但他落榜了。当时，他曾噙着眼泪发誓：有朝一日，我要坐着汽车来，不是当学生，而是上讲台！5年后，24岁的他，以全国申请专利最多的个体发明家，以成百项发明者的资格，终于走上了清华大学的讲台。台下的许多专家、学者、教授在听他介绍创造发明的经验。我们就是要有葛晓峰那样的精神，要将自己的才能全部发挥出来，向落榜挑战，向命运开火，决不做屈服于命运的奴隶。

上面第二例中的女学生是因为自己长得丑而产生自卑心理的。这更是不必要的一种顾虑。比如，我国有一个面目十分丑的画家，他的脸长得像猪八戒的脸一样难看，他是个男的，却有一对像妇女那样大的乳房。总之，你想像他有多丑，他就有多丑。但是，这并不妨碍他成为大画家。他画的画，在海外特别热销。所以，丑和事业上的成功并不矛盾。"人不可貌相，海水不可斗量"，只有丢掉丑的包袱，丢掉自卑的包袱，才能取得事业上的成功。

自卑是怎样产生的？

自卑不是天生的，一个人刚生下来时是没有自卑心理的，自卑心理是后天形成的。

自卑心理的形成有一个过程，大体上分三个阶段：

第一阶段——遭受挫折。挫折对同学们来说是各种各样的。请看下面事例。

"我是一名初中二年级学生，成绩非常差，尤其是数学，怎么也学不好。由于成绩差，老师从来不用正眼看我。上黑板做错了题，老师便骂我木头脑袋，不开窍，比猪还笨。有一次，老师当着全班同学的面说我：'你连这么简单的题都不会算，到学校来干什么的，你不读就给我走，在这儿滥竽充数干什么？'当时我真想大哭，真想冲出教室，可我忍住了。要是真的那样做，等待我的又是什么呢？

学校还将差生编成一个班，名曰'特别指导'，实际上都是学校最差的老师教我们，说我们这个差班什么都差。不管大考小考，老师都要张榜排名次，这不是让我在全班同学面前丢脸，回去挨骂挨揍吗？已经处在别人冷嘲热讽的包围中，活得很累很累。我几乎失去了信心。但是我又不愿别人这么看待我，我也有自尊心，也想提高自己的学习成绩。你们能理解差生的痛苦吗？"

这是福建省建宁县一个学生的一封信。从这封信中可以看出，教师以及学校对待差生的看法和做法都是十分不妥的。但对这个学生来说，他的成绩差，就是他所遇到的挫折。正是他不能跨越这个挫折，使他心里十分痛苦。

再看下面事例。

"我是一名高中生，平时喜欢体育锻炼，也喜欢看一些体育比赛，如足球、武术、田径、游泳等。我被运动员们精彩的动作、出色的表演所吸引，并且对他们健壮的体魄羡慕不已。我也很想有他们一样棒棒的体格，并且能够在学校举办的运动会中得到好名次。所以我坚持了不少时间锻练，跑步、打球、做杠上运动等。

　　这次校运动会，我参加了铅球比赛。临上场时一位同学问我：'怎么样？能掷个第几？'我笑了笑，没说话。心想我平时那么努力锻练，怎么样也可拿个名次。不料事与愿违，一上场，抓起铅球，那不大的铅球似乎重了不少，我使足劲一掷，唉，谁知比别人差多了。结果没进入决赛就被淘汰了。回来后同学又问我掷得怎么样，我苦笑着嘟哝了几句，就想个法子把话题扯开了。为这件事，我苦恼了很长时间，不想再锻练，更没有信心去参加体育比赛了。"

　　这个学生比赛失利，对他来说也是一个挫折。挫折是各种各样的，除上面所说之外，还可以是中考、高考落榜，还可以是好朋友和他断交，或者犯了小错误等等。这是自卑心理的第一个阶段。

　　第二阶段——不能正确对待挫折。

　　小朋友们，任何人都会遭遇挫折，没有遭遇过挫折的人是没有的。可是为什么有些人遇到挫折以后，没有产生自卑心理或者是很快改变了；而有些人遇到挫折以后，却产生了自卑心理呢？其中一个重要的原因是有些人能正确对待挫折，有些人却不能。比如上面一个差生的例子。如果这个差生能正确地对待挫折（学习成绩差），下定决心刻苦学习，虚心向同学请教，并注意学习方法，只要他大脑没有毛病，那么，他的学习成绩一定会赶上去的，差生的帽子一定可以摘掉的。可是他并没有这样做，结果只能落入自卑的深渊中而不能自拔，严重地滋长了自卑心理。

　　又比如上面那个参加铅球比赛的学生，由于他不能正确认识比赛的意义，而是想以一次比赛定终身，结果产生了"不想再锻练，更没有信心去参加体育比赛"的想法。

　　由于不能正确对待挫折，必然会产生自卑心理，影响了自己的进步。

　　第三阶段——形成条件反射。

　　在这一阶段中，自卑心理已经在一个人的心里根深蒂固，某一件事自己明明可以做好的，但由于自卑心理总认为自己不能做好。如几次考试成绩不好，就会认为自己不是读书的料，从而放弃学习。又比如几次和同学交往失败，就认为自己永远不会有好朋友等等。用形象一点的话来说，在这一阶段中，自卑心理已像一张大网一样把一个人的手脚捆住了，使人动弹不得。明明能办的事，不想、也不敢去办了。自卑心理到了这一阶段，一个人就会把原有的一点进取心、上进心、积极性都消失掉，有的人一步步越陷越深，悲观失望、自暴自弃，对前途失去了信心和希望。

以上讲的是自卑心理的形成过程。从这个过程可以看出，自卑心理不是天生的，而是一个人在后天碰到困难和挫折以后产生的。同时也说明，自卑心理并不可怕，只要能正确对待困难和挫折，有勇气去面对困难和挫折，就能克服自卑心理。更重要的一点是，决不能让自卑心理养成习惯，要不断地和它作斗争，这样才能使自卑心理在自己身上无藏身之地。

克服自卑心理，主要要做到下面几点：

（1）树立信心。

自卑心理是由于没有树立信心造成的。那么，什么是树立信心呢？请看一个动人的故事：

1973 年 12 月，肯尼出身在美国宾夕法尼亚州拉昆村。当母亲看到婴儿只有半截身体时，哭得死去活来。做父亲的比较冷静，再三劝说母亲要面对现实。于是父母决定好好养育这个孩子，争取给他最大的幸福。

肯尼一岁半时已做了两次手术，腰以下的神经无法接通。连坐都成问题。医生劝肯尼的母亲：凡事都要靠他自己的意志和能力去做。母亲由衷地接受医生的忠告。从此，肯尼什么事都自己干。数月后，肯尼自己就能坐起来了。不久，他又尝试用双手走路。

肯尼开始上学了，每天都要装上重达 6 千克的假肢和一截假胴体。坐在轮椅里上厕所太麻烦了，但每次都有同学帮助他。在这样的环境熏染下，加上几位老师的爱护，肯尼的心灵得到极大的净化，他爱生命，爱身边的每一个人。

是个摄影迷，一有空，他就挂上相机，摇轮椅到附近公园去。他一边给人拍照一边说："你的眼睛真漂亮，等照片洗出来我要挂在房间里做装饰。"说得姑娘们喜滋滋的。他帮妈妈买东西，有时也替邻居洗车、剪草。这对一个没有下肢的人来说，要有多大的毅力啊！

如今，肯尼已经是加拿大的小影星。他成功地主演了影片《小兄弟》。1988 年 10 月，肯尼到中国台北访问，在"金龙奖"颁奖会上，他对记者说："我在生活中没有困难，遇到困难就和大家一样，找出方法解决。"

肯尼始终恪守父亲灌输给他的信念："任何事都要自己来做，不求人，这不叫不自由。凡事要求人，才是真正的不自由。"

小镇上，几乎每个人都迷恋着肯尼。有个老太太每天都站在门口，就是为了多看他一眼。

为什么人们都迷恋只有半截身体的少年肯尼呢？肯尼的邻居乔安说："每个人都有烦恼，但是只要看到肯尼，就会觉得自己的烦恼是何等渺小。"还有一位邻居说："我们热爱肯尼，因为有了他，人们提高了战胜困难的勇气。我们要像肯尼那样，对生活充满自信！"

一个半截身体的人，本来就应该很自卑了，可他并没有，而是对生活、对前途充满了自信。因为他树立了信心，所以才对战胜困难充满了勇气。这也就是他受人尊敬的根本原因。

肯尼这个故事说明，要想克服自卑心理，必须树立信心，相信一切都会变好的，那么就不会自卑了。

（2）敢于尝试。

有一个四年级的小学生，怕与人打交道，和人说话脸都红，生怕说不好。久而久之，养成孤独自卑的心理。有一天，他上语文课，看见语文教材上面有一处错误。他把这件事告诉了他的爸爸。他爸爸鼓励他给文章的作者写信询问。他硬着头皮给作者峻青同志写了一封信。他的信是这样写的：峻青伯伯：您好！

我们上语文课学到您的文章《老水牛爷爷》。老师要同学们把"潍河"改成"淮河"，老师说教学参考书上就是这样改的。我翻看了上海少年儿童出版社编写的《小学生词语手册》，那上面也把"潍河"改成"淮河"来解释。难道书本上真的写错了吗？我问了爸爸。爸爸说："在山东潍县东面有'潍河'"。我翻开地图找到了这条不大的河流。我又想到广播里播送您写的小说《海啸》，那上面的"老金头"写得多生动，多感人，多么像您笔下的"老水牛爷爷"的形象啊！小说写的都是昌潍、垦利、小水清河一带的事情。"潍河"不也在那儿吗？

我认为课本上的"潍河"没有错。希望您能给我们来信答复，并给予订正。

陕西省咸阳市一小学生张××

这封信寄出以后，很快就收到了峻青同志的回信。信是这样写的：

张××同学：你好！

我在《老水牛爷爷》中所写的"潍河"，确如你所说，就是"潍河"，而非"淮河"。我不知道《小学生词语手册》是何时出版的，也未见过此书。我认为这个错误是不应该发生的。因为稍有地理常识的人，都应该知道："淮河"是发源于河南省桐柏山，流经安徽、江苏入海，根本不在山东。而我写的《老水牛爷爷》的环境，却是在山东昌潍地区。山东省内怎么会有"淮河"呢？淮河是著名的大河，稍有常识的人都应该知道的，而不应该张冠李戴，随意更改。

我深深地钦佩你的认真钻研，不盲从的精神，在学问上是非常需要这种精神的。

祝你学业进步！

峻　青

这位小学生的钻研精神，的确值得大家学习。更值得高兴的是：自从这位小学生写了这封信以后，他怕与人打交道的自卑心理一下子被克服了，在以后的日子里，他不怕与人打交道了，整天乐呵呵的，成为善交朋友的人。

像这样一种敢于尝试去掉自卑心理的方法就叫做"敢于尝试法"。这也是常用的一种去掉自卑心理的方法。比如有些学生见鞍马就害怕，叫他跳过去，就会浑身发抖。后来老师扶着他叫他尝试尝试，一下子跳了过去，从此就不再害怕了。这就是敢于尝试。那么，怎样才能更好地使用好这一种方法呢？

首先，要有敢字当头的决心。如果对某一件使你胆怯的事，没有一点决心去进行改变，那是不可能使用好这一方法的。因为不敢干，所以也就无从尝试。

其次，在尝试的过程中不能怕失败。失败是难免的事。如果经不起失败，那么尝试就不可能成功。问题的关键在于尝试失败了，要善于从失败中找出原因。这样，才可能使尝试得到最后的成功。

（3）正确比较。

有一个上海学生，在一封信中曾经这样写道：

"我出生在一个知识分子的家庭。妈妈是教师，爸爸是搞科研工作的。他们收入不高，家里的生活一直很清苦。

我们班有不少个体户的子女，虽然他们学习成绩不怎么样，但是腰包里总是鼓鼓的。他们大手大脚地花钱，时常进出游戏机房和游艺室，学习用品都是高档进口的，连 20 元一盒的游戏卡都舍得买，班上的同学都很羡慕他们。

可相比之下，我就寒碜得多了。别说零用钱很少，平时连件像样的时尚衣服也没有。我只能眼巴巴地瞧着他们随心所欲地花钱。

我的学习成绩不错，在班上一直名列前茅，也常常受到老师同学的夸奖，可是当我口袋空空，无力购买自己喜欢的东西时，时常感到很苦恼。我想自己的父母有知识，工作也忙忙碌碌，辛辛苦苦，可我家为什么这样穷？我的心总也平静不下来……"

由于这样，这个学生一直很苦恼、很自卑。

这个学生所以感到苦恼、自卑，是由于他和班上其他学生比较的结果，因为他比较的内容不对，所以他陷于苦恼、自卑之中而不能自拔。对一个学生来说，应该比的是学习、进步，对集体的贡献，而不能比吃吃喝喝、比穿着打扮，不能比享受。这个学生的比较是不正确的。

为什么不正确？因为他只比物质享受，这只会对自己有百害而无一利。好多学生就是羡慕别的同学穿得好，吃得好，玩得好，有钱花而走上犯罪道路的。这方面的例子举不胜举。所以，一个学生在和同学比较时，不能比物质享受。相反，应该认识到，家庭贫困虽然是坏事，但是，坏事在一定条件下可以转化为好事。如果由于家庭贫困而能加倍努力，结果争取到了一个较好的前途，这不成了好事了吗？

（七）孩子有不适当的模仿心理怎么办

1994年9月3日上午，河南省偃师县府店乡双塔村东头，4个六七岁的小孩在场院里游戏，旁边有两位家长正在用铡刀铡喂牲口的草料。晌午时分，家长们叫孩子们回家吃饭，孩子们不肯离去，家长们便扔下铡刀自己走了。

7岁男孩李阳这时想起前天电视节目《铡美案》中包公怒铡陈

世美的一段，就同几个小伙伴商量，也来个"铡美案"玩一玩。小伙伴们都表示同意。谁当"陈世美"呢？6岁的小女孩安娜指着身旁7岁的王辉说："让他当陈世美，他坏，有泡泡糖不给我吃。"小王辉毫不畏惧，走到铡刀前躺倒在地，并把脖子置于铡刀底部。接着，7岁小孩王大伟，学着电视中包公的模样，到小河沟里用泥巴把自己涂成大花脸，然后手持刀把喊了一声"开铡"，音起刀落，只听"啊"的一声，王辉的脖子上鲜血直冒。几个小伙伴被眼前的情景吓得撒腿就往家跑。及时赶到的群众立即将小王辉送到了医院。幸亏王大伟力气小，这一刀没有彻底铡下去，经过医护人员的抢救，才使小王辉幸免于难。

1994年4月4日，一名儿童在家中用易拉得领带模仿上吊动作，结果弄假成真。他的父母发现后将他送到医院，这名9岁儿童已气绝身亡。这是天津市儿童模仿武打恐怖影片中的动作而导致死亡的一例。天津河东区两名12岁男孩，在观看了一部武打片后，非常羡慕其中飞檐走壁、呼风唤雨的大侠。两名男孩在互相打逗中模仿片中情节，互相撕拉着从二楼台阶向下面滚去。结果一个磕得头破血流，一个摔得大腿骨折，双双被送往医院抢救。天津和平区沈阳道一户居民家中的6岁男孩，在看了蒙面大盗的电视录像片后，用其母亲的高筒袜套在头上模仿片中人物，可由于高筒袜弹力很强，套上容易退出难，孩子的脖子被勒形成窒息，幸亏其母亲及早发现，孩子才得以脱险。

模仿有正确、错误之分。只有正确的模仿才会给孩子带来好处，而错误的模仿只有百害而无一利。

有人说，模仿是儿童的天性，这话未必正确。但有一点是可以肯定的，儿童喜欢模仿却是不可否认的事实。小朋友们为什么喜欢模仿呢？

根据一些资料研究，模仿大体上是由于下列原因引起的：

（1）为了满足追求新奇的乐趣。

对孩子来说，世界上有许多新奇的东西，为了达到占有这些东西的目的，而从中获得乐趣，所以他们就产生了模仿心理。比如孩子看见火车很好玩，于是他就会用一张张凳子排成车厢进行模仿，自己坐在最前面当司机，嘴里还"呜——呜——"叫着。父母称赞他玩得好，孩子就会感到十分满足和充满乐趣。

（2）把自己想像成所模仿对象的愿望。

儿童常常模仿他们崇拜的人。在一个俱乐部专门为男孩子们举行的宴会上，美国著名幽默大师维尔·罗杰斯注意到孩子们很喜欢一些餐具，把它们视为珍贵的纪念品，因而餐具一件件都不见了。轮到他讲话时，他带着那独特的笑容，开始从他的衣袋里拿出汤匙、小刀、叉子、盐瓶等，最后又从内衣里拿出了一个盘子。餐桌周围的孩子首先是无声地惊讶，接着是几声轻轻的笑声，然后是一阵阵开怀大笑，最后便是银质餐具碰撞时发出的铿锵声，原来孩子们一个个都把他们衣袋里的餐具全部都拿出来了。

孩子们为什么这样做，这是因为他们喜欢那位著名的幽默大师，见他把衣袋的东西拿出来了，所以也把餐具拿出来了。

（3）对他人喜爱的缘故。

有人问一个孩子为什么要慢吞吞地讲话，那个孩子回答说："老师说话就是这个样子的，她是个好老师。"有个孩子说话时习惯地把舌头伸出来，同学问他为什么这样，那个孩子说他是受他妈妈的影响，他妈妈说话就是这个样子的。

孩子喜爱什么人，他就会模仿那个人的样子。这也是孩子产生模仿心理的原因。

（4）渴望赢得赞同或避免嘲笑。

孩子模仿父母喜欢的人的动作，其目的就是希望得到父母的称赞。在小制作中，孩子模仿教具，把小制作做得活灵活现，其目的是不落后于同学，也想避免遭到别人的嘲笑。这是孩子自尊心的反映，于是产生许多模仿现象。

以上是产生模仿的四个原因。怎样才能引导小朋友们进行正确的模仿和避免错误的模仿呢？要注意下面两点：

第一，家长和教师要做好的榜样。因为处在儿童和少年时期，人的活动范围主要是家庭和学校，社会需要和其他需要依赖于父母来解决，父母成了他们的第一任教师。所以儿童时期，首先模仿自己的父母和哥哥、姐姐。而后，教师在他们心目中的地位渐渐地高于父母，与父母争执时，总爱说：我们的老师就是这样说的。总之，父母和老师是孩子心目中的偶像，孩子首先是模仿他们。但是，有些事情父母和教师不一定处理得妥当，小朋友们不该学。下面的一件事说明，家长及教师的一些做法对孩子的影响是十分不利的：

1994 年 5 月 14 日傍晚，天正下着大雨。崇明县新河镇的两个学生跑到学校后面新海大桥桥洞躲雨，发现泥土中埋藏着一包东西，挖出来打开一看，包内竟有金光闪闪的 4 只金元宝、5 尊金佛像、4 根金条和 46 枚银元。他俩冒雨奔向学校，向班主任汇报了事情的经过，把他们发现的"金银财宝"如数交给老师，希望老师能帮助他们尽快找到"财宝"的主人。

班主任没对任何人提及，就把这包"金银财宝"带回了家中，并把事情的来龙去脉告诉了在同一学校任教的丈夫。

晚上，其中一位同学按捺不住高兴，把自己发现"财宝"，已交老师处理的事情原原本本地向家长叙说。其父闻言，不顾夜深，找到班主任家中。经过一番交涉，双方达成协议："财宝"各分一半，由双方共同"保管"。

过了两天，另一同学也把发现"财宝"一事向家长诉说。其父听后匆匆赶到学校，询问班主任事情原委。于是，班主任老师夫妇、两位同学的家长"三方四人"会议在班主任家中进行，经过"磋商"后郑重决定，将这批价值二三十万元人民币的"金银财宝"分作三份，由各方"暂时保管"，并写下协议书，签上各人大名，以备证明"并非要隐匿"这批财物。

于是，这件拾金不昧的大好事由两位教师和两位家长达成共识而淹没无声，好像没有发生过一样。

事有凑巧。班主任无意中向校长吐出"金银财宝"事情的全过程。校长认为这样做是不妥当的。第二天便向县教育局作了汇报。经过县公安局、人民银行鉴定，所谓的"金银财宝"，除了 2 枚银元是真的外，其余的全都是假货。

为了弄清这批"金银财宝"之谜，新河镇公安派出所干警根据群众举报，顺藤摸瓜，挖出了一批流窜在崇明县内，专以假金元宝、假金佛像等"金银器"进行诈骗钱财的江西籍案犯，终于使"金银财宝"案真相大白。原来，这批诈骗犯为了防止案发，把随身携带的假"金银器"就地埋藏在隐蔽的地方，等需用时再去取。桥洞下的一包"金银"就是他们所埋。

面对两位小同学拾金不昧的童心，教师以及家长应该感到内疚。如果我们的下一代都以这些教师及家长为模仿对象，那么他们的前途将失去希望。小朋友当然不应当效仿他们的所作所为。

第二，要注意净化家庭文化环境。有些家长不能抵制不好的、不健康的文化的诱惑，把一些乌七八糟的东西带回家，小朋友不明白真相受了毒害，确实是让人十分痛心的。请看下面一些实例：

前不久，天津市某公安分局查获一个未成年人传看淫秽录像的团伙。在这8男4女的中小学生中，年龄最大的16岁，最小的仅12岁。他们多次传看淫秽录像，有的学生看后，竟发展到模仿录像动作进行流氓鬼混。追根寻源，原来是某公司一干部和其妻子看了淫秽录像后，将翻录的6盘带子存放在家中，结果被其未成年的子女发现，后者又招引男女同学观看，造成严重后果。

上海市杨浦区某中学初中二年级学生胡某、祝某偷出家长私藏、复制的黄色录像带，带来7名同学在胡某家中观看，其中3名是女学生。胡某受害较深，竟分别将初中一年级及预备班的两名十三四岁的女学生带回家中强行奸污。

这两个事例说明，孩子所以犯罪是由于家长污染了家庭文化环境，毒害了孩子。如果这些家长不看淫秽录像，那么，孩子就不可能犯罪。所以，在家庭环境中，家长必须杜绝一切使孩子可能产生错误模仿的可能性。在家中不打麻将，不念佛，不看凶杀小说，不看不健康的电视等等。小朋友们发现这些不良现象要向父母提出批评，或者向老师反映，绝不要陷到泥坑里去。

（八）孩子有不正常的自尊心理怎么办

1994 年 8 月 11 日凌晨 2 时，当一列火车向东行至上海龙吴路立交桥时，有一男子突然横卧在距机车约 5 米的轨道内，当即被挤压身亡。

死者魏某今年 22 岁，家住新疆阿克苏，去年开始学气功，今年 6 月离家去四川成都拜师，8 月 8 日随母亲前来探望在沪打工的哥哥。9 日上午，魏某曾在母亲和兄长面前夸口说，目前其功力已达到连火车也压不垮的程度，想不到他果真会卧铁轨试功。

难道这个青年不知道卧轨会有危险吗？他为什么要这样做呢？一是他盲目地相信气功的威力，二是他的自尊心理在作怪。为了维护他的"夸口"，为了维护他的自尊心，他甘于冒这样的危险。

这种为了维护自己的自尊心理而干出蠢事来的人既有成人，也有孩子。请看下面一个实例：

有一天，宿迁市龙河乡小学四年级学生时某，为打赌纵身跳楼摔伤了腿，不但花去 400 多元医药费，还留下了终身伤残。

今年暑假的一天，时某和同班一位女同学到学校的二层楼上去玩。时某说："如果我跳下去，你能输给我什么？"女同学开玩笑地说："输给你一根冰棍吃。"时某一听便纵身跳下楼去。只听"哎呀"一声，时某在地上痛得满头大汗。女同学急忙下楼买来一根冰棍交给他。时某边吃边说："疼得受不了了！"女同学见情况不好，这才喊人把他送往医院治疗。

这个男孩为了维护他的"男子"气概，维护他的自尊心理，明知有危险，他却毅然从楼上跳了下去，干了一件蠢事。

　　自尊心理有两种类型：正常的自尊心理就是平时人们常说的自重、自爱。不正常的自尊心理就是超出常人应有的自尊行为。前一种是好的，后一种是不好的，有害的。上面两例中所表现的是不正常的自尊心理，是应该反对的。本文所要讨论的是不正常的自尊心理，因为小朋友们常常是在不正常的自尊心理范围内出了问题，所以有讨论的必要，以求引起人们的注意和重视。不正常的自尊心理是怎样形成的呢？

（1）来自过分的娇惯。

"为了培养孩子，我们花了不少钱，但女儿这两年每次考试都'红灯高挂'，我们真不知道该怎么办才好。"

这是一位姓李的干部给一家报社打来的电话，诉说自己作为父亲的苦恼。

老李在电话中介绍，他和妻子都是"老三届"的毕业生，女儿今年16岁，目前在杭州一所普通中学读书。夫妻俩对女儿宠爱有加，只希望她能够好好念书，考上重点高中。但事与愿违，尽管女儿费了九牛二虎之力，仍未达到预定目标，进了普通中学。

老李和妻子并没有责怪女儿，反而感到以前关心女儿太少了，心时增添了一分内疚。他们想用钱来补偿。老李是个机关干部，妻子开了一个服装店，生意红火，几年下来，家中的经济条件不错，只要女儿开口，父母毫不吝惜，每次出手少则几十元，多则上百元。

出乎老李的意料，有了钱，女儿却渐渐地变了。她把这些钱用在了买衣服和高档消费品上。两年来，她添置了"爱华"放音机、照相机、随身听，每个月光买磁带就要用100多元。现在她在同学中已有相当强的"号召力"，同学聚会她慷慨解囊，同学过生日她会送上一份精致的礼品。她好像成了"大姐大"，越来越娇贵了。但是，她的学习成绩却直线下降。去年9门功课除体育及格外，其余8门都只得二三十分。看到女儿这副花钱大方，好吃懒做的模样，老李夫妇曾严厉批评过，但想不到女儿的脸马上拉长了，从沙发上站起来，走进自己的卧室，狠狠地关上了房门，第二天怎么也不肯开门。老李只好打电话到学校，让老师上门来劝劝她……

老李在电话中感慨地说："女儿变成这个样子，我们负有很大的责任，但现在孩子大了，我们真束手无策了。我现在既担心，又无可奈何，不知道用什么方法才能把她的心思拉到学习上去。"

小朋友们想想，他们的女儿所以会变成这样，是不是金钱害了她？是不是父母对她的娇惯把她养成这样一个容不得别人批评的娇小姐？这一事例说明，父母的过分娇惯，是滋长孩子不正常自尊心理的一个原因。

（2）不能正确对待不公平的待遇。

有一个小青年诉说了他遇到的两件很不愉快的事：

一次，我走在大街上，迎面走来几个和我年纪不相上下的小青年，其中一个故意撞了我一下，还怪声怪气地说："长着四只眼，路还看不清？"说着一伙人嘻嘻哈哈哄笑起来。我戴着一副眼镜，我知道他们在羞辱我，我很想和他们评个理，然而又觉得不值得同这种人计较，心里窝着火。

还有一次，我到一家服装店买衣服，看到一件款式新颖的上衣，想请服务员拿出来看看。谁知服务员眼一斜，冷冷地说："你也想买这种衣服？二百五！"我知道自己受了侮辱，"二百五"一语双关，一是价钱贵（实际标价252元），二是说我"傻"，不配问（我确实买不起）。虽然我穷，但总不能这样当众羞辱人。我心里很不舒服。

这个年轻人的遭遇是值得同情的，世界上确实有一些不懂事的人就喜欢欺负人、瞧不起人。但是，如果在心理上不能正确地处理这件事，那就可能产生不正常的自尊心理。有一些人就是受到一些不公正的遭遇以后，为了维持他的自尊心，产生了不正常的心理。所以，正确对待遇到的不公正遭遇，是克服不正常的自尊心理的一个重要课题。不正常的自尊心理会给自己或别人带来损害，怎样才能克服这种不正常的自尊心理呢？

第一，要使别人尊重你，满足你的自尊心理，首先必须靠自己的努力。自己的行为不正确，是不可能得到别人尊重的。这可以说是由无数事实证明了的道理。请看下面一个实例：

今年 34 岁的东南大学优秀女毕业生冯青，最近在美国获得 1995 年度"总统学者奖"。这一大奖是全美众多科学家苦苦追求的目标，冯青成为美国惟一获此殊荣的华裔女学者。

冯青出身于书香门第，她的父亲冯德铭毕业于中国人民大学和北京石油学院，是一位石油勘探专家。她在镇江就读小学、中学，成绩优秀。1978 年，恢复高考制度的第二年，冯青以优异的成绩考入东南大学机械系。4 年后拿到本科文凭的她并不满足，立志要向更高的科学领域迈进，她表现出顽强的竞争意识和吃苦精神。1984 年 9 月，她到日本攻读机器人与自动化控制硕士学位，在语言上当时仅具备去日本留学的基础，她硬是每晚开夜车，边学日语边读专业。在 6 年时间里除拿到硕士学位外，还读完了东京大学机械专业博士课程，获得博士学位。1991 年，她应邀到美国普林斯顿大学土木建筑系领导科研，她主持的科研所中，学生有来自中国台湾、美国、日本的博士、硕士等。她现在已是加州大学的副教授。

冯青是因为发明高楼及大桥抗震防风自动控制系统等而获得"总统学者奖"的，这一成果还使她获得美国机械学会等的"联合大奖"和土木工程学会的"考林伍德学术奖"。在这一抗震抗风系统中，冯青发明了智能型滑震装置，将其放置于建筑物的基座，建筑物对地震的反应，可通过该装置反映到电脑里，电脑以此调节最佳摩擦力，把建筑物的震撼降到最低程度。冯青还在对旧建筑物"健康诊断"的手段上取得突破。国外目前主要采用传感器测量建筑裂缝和老化情况，检测人员为此要运用成捆的电线。冯青发明了光纤传感器，克服了用电线的不便，准确率更高。这一成果在美国引起轰动。

美国"总统学者奖"由美国各著名高等学校推荐，每校仅限 1 到 2 名。参加竞争的人中，有美国人，也有欧洲人，竞争异常激烈。

最后由美国最具权威的学者、教授组成专家委员会确定获奖者。

　　冯青获得美国"总统学者奖"这一殊荣，得到美国人的尊重，同时也得到了我国人民的尊重。而这种尊重，不是冯青自封的，是她努力的结果。所以，要想得到别人的尊重，满足自尊心理，只有靠自己的努力。这种努力是十分艰苦的。而有些人自己不想努力，却想得到荣誉，得到别人的尊重，这是难以实现的。

　　第二，要想别人尊重自己，必须首先尊重别人，这是想要满足自尊心理的又一重要原则。

　　什么是尊重别人呢？吃吃喝喝，拉拉扯扯，阿谀奉承，是不是尊重别人呢？不是。那是一种低级趣味的庸俗作风。所谓尊重别人，应该做到三点：①真诚待人；②遇事和人商量；③态度和蔼。这三方面是缺一不可的。请看下面的事例。

　　1754年，美国独立以前，弗吉尼亚殖民地议会选举在亚历山大里亚举行。以后成为美国总统的乔治·华盛顿上校作为这里的驻军长官，也参加了这次选举活动。

　　选举最后集中于两个候选人。大多数人都支持华盛顿推举的候选人。但有一名叫威廉·宾的人则坚决反对。为此，他同华盛顿发生了激烈的争吵。争吵中，华盛顿失言说了一句冒犯对方的话，这无疑是火上加油，脾气暴躁的宾怒不可遏，一拳把华盛顿打倒在地。

　　华盛顿的朋友们围上来，高声叫喊要揍他。驻守在亚历山大里亚的华盛顿部下听说自己的司令官被辱，马上带枪赶来，气氛十分紧张。

　　在这种情况下，只要华盛顿一声令下，威廉·宾就会被打成肉浆。然而，华盛顿是一个头脑冷静的人，他只说了一句："这不关你们的事。"就这样，事态没有扩大。

　　第二天，威廉·宾收到了华盛顿派人送来的一张便条，要他立即到当地一家小酒店去。威廉·宾马上意识到，这一定是华盛顿约他决斗。于是，富有骑士精神的威廉·宾毫不畏惧地拿了一枝手枪，只身前往。

结果如何呢？一路上，威廉·宾都在想如何对付身为上校的华盛顿。当他到达那家小酒店时，却大出所料：他见到了华盛顿那一张真诚的笑脸和一桌丰盛的酒菜。

"宾先生，"华盛顿热忱地说："犯错误乃是人之常情，纠正错误则是光荣的事。我相信我昨天是不对的，你在某种程度上也得到了满足。如果你认为到此可以和解的话，那么请握住我的手，让我们交个朋友吧。"

威廉·宾被华盛顿的宽容感动了，忙把手伸给华盛顿："华盛顿先生，也请你原谅我昨天的鲁莽与无礼。"从此以后，威廉·宾成为华盛顿坚定的拥护者。

华盛顿是一个被打的人，结果他却主动地向打他的人设宴道歉。这充分体现了一个伟大人物的胸怀。假如，我们也能这样真诚地对待别人，何愁别人不尊重你呢？

至于遇事和人商量，对人有礼貌、和蔼可亲，只要努力去做，任何一个人都可以做到的，这里不多说了。

（九）孩子有怕羞心理怎么办

有些孩子有怕羞的心理。怕羞心理究竟好不好呢？下面，请看一位县委书记的一篇文章。

去年8月底的一天，我刚从乡下回来，女儿李雯就递给我一封信："爸爸，我同学给您的信。""怎么不寄到我办公室去？""他家穷，平时非常节省，一张邮票要两毛钱，他舍不得花，就委托我带

回来了。"我接过信，翻开一看，信是这样写的：

县委李书记：

　　您好！

　　我知道您工作很忙，不敢来打扰您。我是一个农民的儿子，考取了哈尔滨建筑工程学院。考取国家重点大学，对我这样一个农村苦孩子来说，本来是一件天大的喜事。但按我的家庭环境条件，就是倾家荡产也付不起上大学的路费和学费。我在社会上听到，您很关心教育，经常对失学青少年给予热情帮助。我抱着一线希望，冒昧地写信求助于您，请您帮助我解决一点上学的经费，否则，我只有望大学而兴叹了……

一个考取了大学等于没有考取的学生　敖早生

信写得十分中肯，使我受到感动。一个年轻人敢于拿起笔来向县委书记写信，说明他有勇气，确实一心想读书，也说明他确实毫无办法，只有指望我这一线希望了。

看完信，我问李雯："这个同学的情况你了解吗？"李雯说："听同学们说，他家里很穷，平时生活十分艰苦。但学习刻苦，成绩非常好，年年是优秀学生。爸爸，您一定要想办法帮帮他啊。"女儿的心，像水晶一般透明。

第二天一上班，我找来县委督查科刘淑华，请她到墨山乡去，了解敖早生家的情况。我说，如果情况属实，我们一定想办法，帮助他上大学，不然，就太可惜了。刘淑华去了，很快就将所了解到的情况向我作了汇报：敖早生有兄弟姐妹5个，3个姐姐都已出嫁。除大姐夫会干木匠活，生活条件稍好一点外，另两个姐姐经济条件都比较差。一个弟弟15岁，是个半呆子。父亲50岁，文盲，又体弱多病。一家人小的小，老的老，病的病，傻的傻。能做的傻，不能做的小，一家年收入稻谷仅1000公斤，花生100公斤，连口粮都保不了。母亲因家境贫困于1988年与父亲离婚。家里欠债近千元，屋里四面进风，只有一张老式旧床，一盏15瓦的电灯泡，连凳子都没有。敖早生在这样的家庭里，从小就聪明懂事，不怕吃苦，学习认真，成绩优秀。他是这一家的惟一希望。这次他到哈尔滨去上学，学杂费和路费要近3000元。为了他上学，家里卖了牛，连种子也卖了，东借西借，才凑到1000多元。实在没有办法了，敖早生才写信求助。刘淑华越说越激动，不像是在汇报工作，倒像是在代亲人诉说真情。

我觉得心中升腾起一种负疚感，对这样的好学生，党和政府不去关心他，帮助他，他一生的前途就断送了。我作为一个县委书记，对本县出了这样一位优秀的莘莘学生应该感到高兴，对于事先未能主动去关心他、关心这个农民家庭感到惭愧。这是我的义务，我的责任啊！

我从个人积蓄中拿出 1000 元，请县委办公室主任漆德文立即送到敖早生家里去，我还叮嘱漆德文，如果钱不够，马上报告，再想想办法。要告诉敖早生，大学一定要上，书一定要读，而且一定要读好。要学好本领，报效祖国。

接到我送去的 1000 元钱，敖早生一家深受感动，全家人都流了眼泪。

敖早生终于顺利地跨进了大学的校门。使我备感欣慰的是，他在大学里学习刻苦，成绩优秀，多次受到学校表扬和奖励。1993 年春节，他还带着门门课程优秀的成绩单来到我家拜年呢。

读了这位县委书记的文章，我们怎能不为敖早生的家境贫困而叹息，怎能不为敖早生刻苦学习以及县委书记助人为乐的精神所感动呢？敖早生所以能得到县委书记的帮助，这和他健康的心理素质有关。如果他难为情、怕羞，不敢向县委书记写信，那么，他就不可能摆脱窘境了。这个事例说明，不怕羞的学生比怕羞的学生心理健康得多，能办成事情的希望大得多。所以，几乎所有的家长都希望自己的孩子能成为不怕羞的孩子。

孩子的怕羞心理是怎样产生的呢？

有人说这是由于孩子的性格内向造成的。这种说法值得商榷。

什么是性格内向？有个学生曾经在作文中描写过他的性格内向：

"我生性内向，喜欢一个人安安静静地学习和生活，不喜欢热闹的场面，也不喜欢社会交际。爸爸、妈妈说我这样下去，将来走上社会肯定'吃不开'。他们希望我能到外面走走，结交一些朋友，可是我总不习惯。有时被父母逼着到朋友家里串门，可是坐下来没话说，坐一会儿就坐不住，后来还是老样子，终日关在自己家里。这一性格使我十分苦恼。"

从这个学生的话中，我们可以看出性格内向的特点是：喜欢安静，不喜欢热闹场面，不喜欢交际，不习惯交朋友。但是，这决不是怕羞。性格内向不等于怕羞，这是一。其二，性格是天生的，是难以改变的；而怕羞是后天养成的，是可以克服的。如果说怕羞是由于性格内向而形成的，那么，无异于说怕羞是不可改变的。根据这两点，我们认为性格内向形成怕羞心理的说法是不一定正确的。

怕羞心理究竟是怎样产生的呢？

（1）不常和人交往接触。

这个"人"主要是指陌生人，而不是指熟人。有怕羞心理的孩子和家里人接触，和熟悉的人接触是不会产生怕羞心理的。只有和陌生人接触，由于不了解陌生人的性格、脾气、情况，生怕自己说错话，做错事，所以才会产生怕羞心理。怕羞，关键在于"怕"字，去掉"怕"字，那么羞也就不存在了。因此，要使孩子克服怕羞心理，必须首先克服"怕"字。

（2）本身有某种缺陷或缺点。

如果一个孩子有口吃的毛病，他就会害怕和别人接触，就会产生怕羞心理。如果一个孩子长得比别的孩子矮一些，也会产生怕羞心理。这是由于孩子没有正确认识和正确对待自身的缺陷或缺点的缘故。

怎样才能克服孩子的怕羞心理呢？

（1）不要怕别人议论、嘲笑。

前面已经说过，怕羞的关键在于一个"怕"字。孩子究竟怕什么呢？主要是怕别人议论，或者怕别人嘲笑。怎样才能做到不怕别人议论或嘲笑呢？首先必须要自己看得起自己，如果连自己都看不起自己，那么，就不可能挡住别人的议论或嘲笑了。

下面举一个例子说说。一般人都为自己生得矮而苦恼，可是菲律宾的罗慕洛将军，并不为身为矮人而苦恼，他只有 1.63 米，可说是一个矮人，他写了一篇题目叫做《愿生生世世为矮人》的文章，文章中说：

有一次，在巴黎举行的联合国会议席上，我和苏联代表团团长维辛斯基辩论，我讥讽他提出的建议是"开玩笑"。突然之间，维辛斯基把他所有轻蔑别人的天赋都向我发挥出来。他说："你不过是个小国家的小人罢了。"

在他看来，这就是辩论了，我的国家和他的国家相比，只不过是地图上的一点而已，我自己穿了鞋子，身高只有 1.63 米。

……

我身材矮小，和鼎鼎大名的人物在一起，我常常特别惹人注意。第二次世界大战期间，我是麦克阿瑟将军的副官，他比我高 20 厘米。那次登陆雷伊泰岛，我们一同上岸，新闻报道说："麦克阿瑟将军在深及腰部的水中走上了岸，罗慕洛将军和他在一起。"一位专栏作家立即拍电报调查真相，他认为如果水深到麦克阿瑟将军的腰部，我就要被淹死了。

我一生中，常常想到高矮的问题，我但愿生生世世做矮子。

这句话可能使你诧异，许多矮子都因为身材矮小而自惭形秽，我得承认，年轻的时候也穿过高跟鞋，但用这个法子使身材加高实在不舒服。这种鞋子使我感到，我在自欺欺人，于是我再也不穿了。

……

有一年，我在哥伦比亚大学参加辩论小组，初次明白了这个道理。我因为矮小，所以样子不像大学生，倒像个小学生。一开始，听众就为我鼓掌助威，在他们看来，我已经属于下风，大多数人都喜欢看居下风的人得胜。

……

1945 年，联合国创立大会在美国旧金山举行，我以无足轻重的菲律宾代表团团长的身份应邀发表演说，讲台差不多和我一样高。等到大家静下来，我庄严地说出这句话："我们就把这个会场当做最后的战场吧。"全场顿时寂然，接着爆发出一阵掌声，我放弃了预先准备好的演说稿，畅所欲言，思如泉涌。后来，我在报上看到当时我说了这样一段话："维护尊严，言辞和思想比枪炮更有力量……惟一不可破的防线是互助互尊的防线。"

这些话如果是大个子说的，听众可能客客气气地鼓掌。但菲律宾那时离独立还有一年，我又是矮子，由我来说，就有意想不到的效果。从那天起，小小的菲律宾在联合国大会中就被各国当做资格十足的国家了。

矮子还占一种便宜，通常都特别会交朋友，人家总想维护我们，容易对我们推心置腹。大多数矮子早就懂得，友谊和筋骨健硕，力量一样强大。

……

我相信，身材矮小的人往往比高大的人富有"人情味"而平易近人，他们从小便知道自视决不可太高，身材魁梧的人态度矜持，别人会说他有"威仪"。但是矮小的人摆出这种架子来，大家就说他"自大"了。

矮子稍有自知之明，很早就会明白气是不可随便乱发的。大个子发脾气可能气势汹汹，矮子发脾气像在乱吵乱闹了。

一个人有没有用，和个子大小无关。反之，身材矮小可能更有好处。历史上许多伟大人物都是矮子，贝多芬和纳尔逊都只有 1.63 米高，但是他们和只有 1.52 米高的英国诗人济慈及哲学家康德相比，已经算高大的了。

......

本文一开始，我就提到苏联代表维辛斯基因为胆敢批评他的国家而出言相讥的事。我不喜欢别人以为我任他侮辱矮小而不加反驳。他一说完，我就跳起身来，告诉联合国大会的代表说，维辛斯基对我的形容是正确的，但是我又说：

"此时此地，把真理之石向狂妄的巨人眉心掷去——使他们的行为有些检点，是矮子的责任！"

维辛斯基凶狠地瞪着眼，但是没有再说什么。

请看，罗慕洛并不以为矮是弱点，反而为矮而高兴，愿生生世世为矮人。正因为他有这种认识，他才在风云变幻时不怕大国代表的讥笑而敢于斗争。

如果每一个有缺陷或缺点的人，都能像他一样不怕别人嘲笑、讽刺，那么，就不可能产生怕羞心理了。如果已经有了怕羞心理，那也是容易克服的。所以，我们认为克服怕羞心理，首先必须要有自信，要不怕别人议论、嘲笑。

（2）对有怕羞心理的孩子，要不断加以鼓励。

不能滥加指责、批评，要让他们多与别人交往，多去办一些使他们怕羞的事。通过不断地锻炼，让他们在实践中、在实际的体会中不断地克服怕羞心理。

比如，有个小学生怕在同学面前说话，一说话就脸红心跳，弯着腰直不起身子来，一副怕羞的样子。为了解决这个小学生的怕羞心理，班主任有意让他在班会上上台讲话，几次锻炼以后，这个孩子不害怕说话了，还成了班上的活跃分子。如果在当时，老师不采用这个办法，而是一味批评、指责这个孩子，那么，他的怕羞心理只会越来越严重。

（十）孩子有不正确的爱美心理怎么办

年仅 22 岁的特蕾西原是美国一位身材适中的美女影星。她于 1990 年结识了罗比·马歇尔之后，为了保持她的美貌，取悦这位新男友，便开始进行减肥。她的体重一下子从 55 千克减至 49 千克，但她仍不满足，继续节食。她每天早上只吃一个苹果，午饭不吃任何东西，光是一杯接一杯地喝百事可乐。

当她的体重终于降到了她理想的 40 千克时，人们发现，她已变得瘦削不堪。有一天，她在拍戏时穿了一件毛衣和一条迷你短裙，结果使在场的人惊讶不已：她骨瘦如柴，不仅双腿皮包骨头，就连身上的肋骨也能透过毛衣隐约可见。

节食的恶果开始在特蕾西身上逐步体现出来了，她先是感到体力不支，十分疲倦，继而头晕眼花，脸色苍白，发展到最后连床都起不来了。前不久，她被送进了洛杉矶一家医院，接受治疗。

爱美之心，人皆有之。但是，像上面这个女影星这样爱美的方法，就很不恰当。女学生中，这种不恰当的爱美方法，也不是个别现象。这主要表现在：

①过分地打扮自己，只注意外表美而不注意内在美。

②喜欢盲目地模仿和追求别人的打扮。

在这方面突出的例子是美容。除了大人们喜欢美容以外，也有些学生喜欢美容。比如某女学生是个崇洋迷，对外国明星崇拜得五体投地，连说话、走路的姿态都进行"全方位"的模仿，但还是不及外国女郎洋气。在她心里"外国的月亮比中国的月亮圆"。她原本漂亮，可她就是看着自己不顺眼，总觉得欠些"洋味"。于是，她走

进美容院把自己美丽潇洒的黑发染成紫红色，自己感觉洋味十足；后来索性又到美容院去，拿着好莱坞明星照片，要求医生对照整容。医生告诉她：东西方人的脸型各有特点，况且你十分美丽，不必模仿。可她心不甘，跑到一家私办美容院做了手术，对着镜子一照，"中西"结合部出了毛病，脸上落下了疤痕，她后悔莫及。

在中学生中，美容也被重视，涂眉、涂睫毛、涂口红者大有人在。

　　我国的女学生中，注重外表美，不注重内在美的人也不少。可是美国的少女却比较注重内在美，这倒真是出人意料。下面是一份统计资料：

　　美国纽约一家知名美容化妆品公司最近所做的一项调查发现，当今美国女孩子注重"内在美"远胜于外在美。这家公司就"女性怎样才算美"的问题，电话调查了全国各地 400 多名 9 到 15 岁的女孩子。结果发现，绝大多数接受调查的女孩子强调"内在美"的素质，有 80％以上的少女认为，关键在"女性如何看待自己"，"如何对待他人"，在于"自己的个性"，在于"聪明"。只有 20％的少女认为"相貌"和"衣着"决定美。

　　这个统计数字当然不能说明美国少女的全部情况，只能说明一点，在世界范围内，一般人（包括少女在内）都是注重"内在美"，而不是注重"外在美"。仅仅注重"外在美"的倾向是不正确的，甚至是有害的。所以，必须克服有害的爱美心理。怎样才能克服这种有害的爱美心理呢？

　　（1）对什么是美，要有一个正确的认识。

　　什么是美呢？请先看下面一则故事。

　　巴尔扎克塑像是法国雕塑大师罗丹的杰作。但这座塑像雕得虽好，却没有双手。原来，罗丹完成的塑像中，巴尔扎克的双手是叠合在一起放在胸前的，姿态自然生动，罗丹非常满意。他连夜叫醒一个学生来欣赏。那学生看了，十分赞赏那双手。罗丹又叫了他的两个学生来，他俩也对塑像的双手赞叹不止。

　　这时，罗丹一反常态，大声叫道："手，手，手……"他突然拎起一把斧头，把塑像的双手砍掉了。3 个学生都惊呆了。

　　罗丹为什么要砍掉那一双奇妙的手呢？罗丹说："这双手太突出了！一件真正完美的艺术品，任何一部分都不应该比整体更重要，更突出……"

罗丹所以砍掉这双手，就在于这双手太突出，破坏了整个塑像的完美，破坏了和谐，破坏了匀称、统一。什么是美？匀称、和谐、完美、统一，这就是美。这就是美学上对于美的定义。为什么一个人只注重"外表美"而不注重"内在美"，错就错在不符合其基本的标准。而定义是指导人们爱美的纲领，是不能破坏的。

（2）一个人的美，是"外在美"和"内在美"的统一。

但是当二者发生冲突时，"内在美"和"外在美"相比，"内在美"显得更为重要。请看下面这个例子：

马、王两家人合伙开了一个商店，资金两家平摊，各出一个人站柜台营业。马家出个姑娘，长得奇美；王家也出个姑娘，却长得奇丑。她俩同站一个柜台，生意出奇的好。一个月下来，盘点结算，两个人都乐啦：净盈利2400元。

她们打算将钱分掉。美姑娘想，很多顾客是冲着自己来的，难道能各拿一半？丑姑娘也想，我不如她招人喜欢，难道能二一添作五？最后美姑娘乜斜对方一眼，推过去1200元，说咱们平分秋色吧。丑姑娘想，按理说应该这么分，不过我不要这么多。丑姑娘说着，推过去200元。美姑娘不屑一顾，说："难道我只值200元？"

丑姑娘脸热辣辣的，仿佛被巴掌扇了一样，便说："你要是觉得吃亏了，咱们分开吧。"美姑娘心想：呵，跟我摆谱啦！分开了你喝西北风吧。便不冷不热地说："你看着办吧！"丑姑娘心一横，说分就分。

不久，店堂中间加了堵墙，一店分成两店。丑姑娘居东，起名"丑丑商店"。美姑娘一看，哧哧地笑，然后将自己的店起名为"美美商店"。双方分开以后，"丑丑商店"生意兴隆，"美美商店"却生意冷淡。这是为什么呢？

开始，"美美商店"每天顾客盈门，可是时间一长，顾客发现店里商品都是"老面孔"，自己需要的常常缺货；加上美姑娘傲慢得像公主一般，对顾客要么横眉冷对，要么恶狠狠地冒出一句："买不买？不买就算啦！"因此，"美美商店"生意就清淡了。

"丑丑商店"可不是这样，每当顾客走进商店，丑姑娘总是面带微笑，柔声细语地说："请问您要什么，我给您拿。"她把顾客当亲人，经常征求顾客的意见，及时批进适销对路的商品，所以，"丑丑商店"生意蒸蒸日上。

以上事例充分说明，当"外在美"和"内在美"发生矛盾时，有时"内在美"比"外在美"更重要。这是因为"外在美"是静止的，"内在美"是能动的。动能制静。"外在美"难以完全改变，"内在美"只要努力就能改变，由丑可以变成美。

（3）讲究"外在美"也要加强学习，掌握"打扮"的学问，才能使自己的"外在美"真正显出魅力。

请注意下面几方面。

①穿衣。世界上没有两片相同的绿叶，大千世界，不论人还是物，都存在着差异。人的体形更是如此，高矮胖瘦，千差万别。但人们又都有着一个共同的心愿：用服装把自己打扮得更漂亮、更潇洒。

怎样才能穿出美丽来呢？首先要对自己的体形有一个基本的了解，然后因人而异，扬长避短，选穿不同色彩、不同质地面料、不同样式风格的服装。

如属于肥胖型的人，宜穿冷暗色调的服装。在色彩学中，冷暗色有收缩感，胖人穿上这种色调的衣服，看上去就会显得苗条一些。

肩较狭窄的溜肩，即民间谓之"美人肩"，掩其不足就要使用适宜的垫肩。但须注意垫肩不可过分，否则，适得其反，让人产生不和谐感。

对于耸肩女性，带垫肩的衣服就完全不适合了，较为理想的办法，是选穿男性化的外套、夹克衫等，既增加一些韵味，又克服耸肩之弊。

腰粗的人要选穿低腰裙、松腰形连衣裙等松腰的装束，注意不要把紧身的套头衫塞进裙或裤腰中。

腿短的人最好把裙和裤腰的腰线向上提，裙子不宜过长，裤子选竖条纹样的，上装和外套也不要过长，而且上装色彩尽可能鲜丽一些。忌穿华丽的耀眼的下装。

腿粗的人穿大一点的长裤长裙皆可，若认为腿粗而去穿紧身裤，则欲盖弥彰了，这样反而将自己的粗腿暴露于大庭广众之中。

还有如脖子短的人不应穿高领衣，臀部过大者莫穿紧身裤，也不要扎腰带等等。

总之，对于各种人的着装，要旨在因人而异，量体着衣，才会穿出美丽来。

②选帽子。从整体美出发，所选定的帽子不仅要和服装在色彩、款式上相匹配，还要符合穿戴者的气质与性格，力求人、衣、帽三者协调与和谐。

色不在多，调和则美，这是衣、帽与首饰的色彩搭配原则。衣、帽配色可采用同类颜色，或根据季节时令的基础色进行调配。例如，夏日时装的基础色多为浅黄、乳白、粉红、淡蓝等清爽色，夏帽则宜选用鹅黄、玉白、绯红、湖蓝等较明亮的色彩，以取得清新、凉爽的色彩感觉。冬帽则应选择较醒目的铁灰、普蓝、朱红、绿黄等颜色，这种搭配富有明快、热烈的气氛。

"穿衣戴帽、各有所好"，这句话虽表达了个人的心理状态，却忽视了穿着者的生理条件。穿着者首先要把握自己，依据自身的客观条件去配帽子。例如，对不同脸型用"相辅相成"的原则选帽子，会获得扬长避短的效果。

最后应注意的是：选好帽子还要会戴帽子，要顾及旁观者的视觉快感与心理愉悦。帽子戴得端正，呈一派正气；往前倾斜，时髦潇洒；扣在脑后则显得粗野而呆滞。

以上的例子，说明穿着打扮大有学问。一个人如果要把"外在美"打扮好，就必须花一定的时间进行研究。

总之，爱美心理，人皆有之，问题的关键在于要正确对待。

（十一）孩子有多疑心理怎么办

多疑心理在人们身上普遍地存在着，有些人甚至由于产生多疑心理而走上犯罪的道路。如有一个姓吴的同志，就曾经给一位作家写求助信。在信中，他这样写道：

我是个性格多疑的人。在单位里，某个同事、某位领导对我的态度稍有变化，甚至于某一句话，某一种表情，都会引起我的猜疑和忧心忡忡。在家里，就连自己妻子的言行举止，也常常使我怀疑、猜测。我不知道自己为什么会这么多疑，有什么办法医治这种疑心病呢？望能给予指教。谢谢！

这个同志的多疑心理确实十分严重，已经使他痛苦不堪。

有多疑心理的学生在学生中占的比例也不少。山西省盂县有个女学生，曾这样诉说她的多疑心理：

"我是个高中二年级的女学生，平时多愁善感，再加上生性多疑，弄得我真是困苦不堪。我们宿舍里常丢失东西，因此经常听到'受害者'的怨声。我没丢东西，这本是好事，可我总觉得有人在怀疑我。真奇怪，自己清清白白的一个人为何要受这份罪。有时实在受不了，就明白地和她们说，'我不稀罕那些东西'。虽然'受害者'也说过几次，'我们没有怀疑你'，可我还是给自己套上了精神枷锁。我想扔掉这个枷锁，可用尽浑身解数也扔不掉；也曾求助于许多朋友，都不能如愿以偿。这时我才知道，平常在学习上那么自信的我，在生活上原来是个懦夫。"

有个初中二年级的女生，也时时被多疑心理所困惑。她是这样说的：

"我是一个初中二年级的女生。现代中学生本应充满朝气，充满青春活力，可我恰恰相反，做什么事总是瞻前顾后，顾虑重重，不能真实地表现自己。别人的嘲笑和讥讽似乎每时每刻都伴随着我。有人指指点点，我怀疑是对我容貌品头论足；有人窃窃私语，我又担心是对我的某一种行为的非议。我在班级里没有威信，同学关系也不好，无论走到哪里，都有唾弃声跟着我，有的人甚至会狠狠地唾我一口。我不知道自己究竟有什么错，竟会引起别人那么多的嘲讽、讥笑。现在我凡事都小心翼翼，但尽管如此，阴云仍然时时笼

罩着我，我实在受不了这沉重的精神压力。

我希望摆脱精神枷锁，做一个生活的强者，可我怎么也振作不起来。唉！我该怎么办呢？"

这个女生的境遇值得人们同情。但如果她能克服多疑心理，她至少可以减轻大部分的精神痛苦。

以上这些实例说明，多疑心理在人们身上严重地存在着，而学生中有多疑心理的也为数不少。所以，这一现象应该引起朋友们、特别是家长们的重视。怎样才能克服自己的多疑心理呢？

（1）对于周围的人和事，必须善于观察，善于调查研究，要尊重客观事实，决不能被表面现象所迷惑，主观臆断，妄加判断。请看下面一个例子：

有婆媳俩，住连间屋。一天，婆婆在针线筐萝里找来找去，怎么也找不到那个红线球，又没外人来过，筐萝就放在炕头上，怎么就没有踪影了哩？婆婆思前想后，认为一定是媳妇偷去了，便问小孙子："你见谁拿了我那红线球？""俺娘！"见小孙子这样回答，婆婆心里更有底了。孩子不说假话嘛。这时媳妇下地回来，婆婆就唠叨了起来："家贼难防呀，家贼难防！"

媳妇听了，心里一愣，就问："娘，您丢了什么东西啦？""我丢什么，你还不知道？"

媳妇一听婆婆这话，知道老人怀疑自己了，便说："娘，您不说，我怎么知道？""我筐萝里的红线球哪去了？"

噢，原来丢了个线球呀！媳妇忙说："娘，您别生气，都怪我不好，是我拿了您的红线球用了。"婆婆鼻子哼了一声："你'拿了'？没隔山隔水，拿我的东西用，也不告诉我一声。"

"嗯，娘，不是拿了，是我偷您的红线球用了。"

婆婆还是一个劲儿地追问："干什么用了？""娘，不是我用了，是，是……是我回娘家时送给俺娘了。"

婆婆不再说什么了，可心里想："哼，偷婆婆的东西送亲娘，难怪人说'木勺不是树上长的，媳妇不是婆婆养的'，到底是两种心肠大差样呀！"

过了几天，婆婆拾掇被褥，一拉铺炕被子，呀！在坑角上，那个红线球轱辘辘地滚到眼皮子底下来了！婆婆拿起来一看，这不就是自己要找的那个红线球吗？她忙把小孙子喊过来，问："你娘拿我那线球是什么颜色的？""黑的。"

"你是看见从奶奶笸萝里拿的吗？""没有"。

"哎，奶奶说丢的红线球嘛，你怎么张口就说是你娘拿了哩？"小孙子可认真了："奶奶，咱家就您和俺娘用线球嘛，除了您，不是俺娘还能有谁哩？"

哟，婆婆心里可后悔极了，为个线球本来就不该乱猜疑，发脾气，如今冤枉了媳妇，自己这老脸可往哪儿搁呀？

媳妇下地一回家，婆婆就问她："孩子，你为啥对娘讲假话？"听婆婆这样问，媳妇又是一愣："娘，您说我什么地方讲假话了？"

"红线球的事。我今儿在炕头上找着了，你怎么说是拿到娘家去了呢？"媳妇说："娘呵！不是有句古话说'肚里没病死不了人'吗？看到您生气，我担心呀，担心您生气伤了身。您怀疑是我拿了红线球，我承认下来，再认个错，您就消了气，不害病了。您不害病，就是咱全家的福呀！"

婆婆感动得流下了眼泪。

这个婆婆的多疑心理之所以产生，就在于她没有调查研究，主观臆断，才产生了误会。幸亏媳妇体谅婆婆，才使矛盾没有进一步激化。所以，要使多疑心理不发生，必须加强调查研究，切忌主观臆断。

（2）要有一定的气量。即使别人真的在背后议论自己，也不必去计较。有道是："谁人背后无人说，哪个人前不说人？"几句议论又算得了什么，只要自己光明磊落、胸怀坦白，何必理会别人的议论。反之，如果斤斤计较，怀疑别人和自己过不去，小小的疙瘩也会变成无法弥补的鸿沟。

（3）对别人的怀疑，最好的办法是用自己的实际行动来解除。因为事实胜于雄辩。你辩解得越多，别人越会怀疑；如用事实来说明，怀疑心理就会不攻自破。请看下面一个实例：

楚汉相争的时候，汉王刘邦与楚霸王项羽的军队经常交战，但在很长一段时间里，谁也没有打败谁，相持不下。

当时，刘邦的丞相萧何驻守在都城汉中，保护着太子。刘邦身在前线，不断地派使臣回都城，慰问萧何。

有个名叫鲍生的人对萧何说：“汉王风餐露宿，在外领兵作战，却不断地派人来慰问您，这是因为对您起疑心了。现在，我替您出个主意以消除汉王的猜疑。请您把您的亲戚子弟中能当兵打仗的人，都送到前线去，随汉王去作战，汉王的疑心自然就会消失了。”

萧何听从了鲍生的劝告，把自己的亲戚子弟都送到了前线。汉王刘邦大喜，便不再派慰问使臣回都城。

汉高祖刘邦打败项羽，登上帝位后不久，他率兵平定了部下的叛乱，他的妻子吕后，在都城把使刘邦不放心的大将韩信也给杀了。刘邦得知这一消息以后，立即派使者封丞相萧何为宰相，并赏赐他5000户，派500名士兵和一个都卫做他的侍卫。

其他大臣都来到萧何府上祝贺，惟独一个名叫召平的人说：“您可得要警惕啊！灾祸可能要降临了。皇上在荒野上奔波平叛，而您却驻守在都城，并没有冒被箭石伤害的危险，却被封官，加强卫队，这是因为淮阴侯韩信造反，而韩信是您推荐给皇上的，皇上对您也产生了怀疑了，您若想免除灾祸，就不要接受皇上的封赏，并且还要把您家全部的钱财拿出来，资助仍在征伐中的军队，皇上才会放心。”

萧何又采纳了召平的建议，捐出自己的全部家产，刘邦果然十分高兴。

后来，淮南王黥布又造反，刘邦不得不再次出征，与鲸布作战。在这段时期，刘邦又不断派使臣到都城，询问宰相萧何在做什么。

这时，又有人对萧何说："您要是再不加注意，就可能招来灭九族的大祸。您现在是宰相，只在一人之下，万人之上，功劳也是最大的，各方面的利益功名，您都得到了。您驻守都城10余年，深知老百姓的心愿，老百姓都拥护您，您也尽心竭力地为老百姓谋利益。皇上现在屡次派人来询问您的情况，是害怕您的威信太高，影响整个都城，超过了皇上。您若想自我保护，最好不过的办法，是多买田地，败坏自己的名声，才能使皇上放心。"

萧何立即按这个人的计策行事。刘邦作战得胜返回都城，见许多老百姓在城郊拦道上书，告萧何贱买民田民宅，非议萧何的行为。刘邦见萧何的名声不太好，老百姓都拥护自己，便不再猜疑萧何。他把老百姓告萧何的状子交给萧何，要他向老百姓道歉了事。

这个事例说明，要消除别人的猜疑，最好的办法就是用自己的行动来证明。只有这样，别人的议论、猜疑也就不攻自破了。

（十二）孩子有逆反心理怎么办

1992年9月2日下午，有3个来自重庆市的少女，含泪向记者述说了被人贩子拐卖到广东后的一段屈辱经历。

这3个小姑娘分别是16岁的程××，17岁的郑××和17岁的万××，都是重庆市某中学初中三年级的学生。

由于平时学习成绩不好，3人初中毕业后都没有考上高中。身为独生女的小郑告诉我们，她考不上高中，父母经常在她耳边提起诸如"你考不上高中，看你以后怎么办"之类的话。小郑听得厌烦了，赌气说："我偏要自己去闯出一条路给父母看看。"7 月中旬一个星期天的晚上，小郑约了平时要好的小程、小万以及同年级、同样考不上高中的小袁等 4 人聊天。她们一听小郑的诉苦后说："对呀，我们的父母也是这么唠叨的，都忍受不了啦！不如我们自己出去闯一番世界给大人们看吧"。于是，这 4 个具有共同经历、在家又有共同感受的小姑娘就这么决定了。小郑和小程身无分文，小万多个心眼，从家中偷偷拿了几百元钱，加上小袁有一些钱，4 人便怀着美丽的梦想，没有带一件换洗衣服，匆匆踏上了去广州的列车。

到了广州，4 名天真的小姑娘才发现，广州并不如人们所描述的那样完美，并没有随处可见的打工机会。"管它呢！反正都来了，找不到工作来玩玩也好。"4 名小姑娘用自己随身带的"学生证"，在广源路一家小旅店住下。几天下来，4 人带来的钱已所剩无几。

一天晚上，她们在广州华南影都的舞厅跳舞，遇上几个东北人。"小妹妹，我们帮助你们找工作吧！"她们信以为真，加上囊中羞涩，就跟着这几个东北人来到广州一间皮包公司临时住了下来。第二天，一个男人将小万单独带到一出租屋去。

几天后，好几个陌生的男人专门包了一辆面包车，带上小郑、小程、小袁直奔惠州"找工作"。

小程事后说："我到那时仍不知道是受骗上当。汽车把我们 3 人载到淡水，在一家酒店住下后，他们带我去见'老板'。我一眼看见桌上堆着好多好多的钱。只见他们几个人低声商量后，小袁被这个老板先带到淡水的一间房去住。第 3 天，这个老板又把我带到惠州。晚上，酒足饭饱后，我问'老板'，我是来干什么工作的。这个'老板'带着几分醉意，把我上下打量了一番：'你还不知道你是干什么工作的？我出了 24000 元钱把你们俩买下了。'"

　　天真的小程此时才如梦初醒，"老板"没等她反应过来，就像饿狼般扑过去。

　　事后，老板抽出 1000 元钱甩给小程："喏，这是生活费，过两天还要来。"说罢扭头就走。孤独的小程此时才体会到父母平常的唠叨是多么的亲切和温暖。

　　第二天早上 6 时许，小程偷偷离开惠州，搭上开往广州的中巴，她要去找伙伴们。一到广州，她又傻了眼，人海茫茫，到哪里去找她们呢？无奈，她只好再往火坑里跳，回头去找曾把她卖掉的人贩子。当她由人贩子领着，在罗冲围一间出租屋见到因暂时卖不出去而从惠州回来的小郑时，两人抱在一起痛哭一场。

几天后，人贩子把小郑、小程以及一直呆在广州的小万一起关在出租屋内不许外出。8月25日晚上，当3名小姑娘再一次被人贩子以每人2万元的价钱准备转卖时，广州公安局干警及时将这伙贩卖人口的犯罪团伙抓获，3名小姑娘才获自由。

4个天真幼稚、充满玫瑰般梦想的少女因与家里赌气，只身闯荡南国，她们幼小的心灵上所遭受的创伤，将永远难以愈合。

这4个少女出走，有自身的原因，也有家长的原因。其中一个重要原因就是她们的逆反心理。父母说她们几句，她们就赌气说："我偏要自己去闯出一条路给父母看。"结果上当受骗。

逆反心理的行为表现是：你叫孩子不要向东，他偏要向东；你叫孩子不要和坏孩子玩，他偏要和坏孩子玩；你叫他不去玩游戏机，他偏要去玩游戏机等等。

逆反心理有两种：一种是坏的逆反心理。如上面所说的4个少女的事例就是坏的逆反心理。坏的逆反心理是对自己、对社会有害的心理。另一种是好的逆反心理。这种逆反心理能激起人们的上进心，对自己、对社会将会起到好的作用。

再看下面的历史故事。

汉文帝的时候，有个叫淳于意的人，他曾经当过县官，后辞官回乡行医。

有一天，一位权势很大的官，得了急病，听说淳于意医术高明，就让人抬到他家。正赶上淳于意不在家，一连等了几天淳于意也没回来，后来那病人竟死在他家了。

于是，那位大官的家人就诬告淳于意借着行医，谋害人命。官府就把他抓了起来。因为淳于意当过县官，给他判刑要经皇帝批准，他被人押送到京城，听候处理。

上路的时候，淳于意望着5个女儿，感叹地说："唉，为啥我不能有两个男孩啊，到了紧要的关头，也不能替父亲出把力！"这句话一下子把小女儿缇萦说急了，她激奋地说："爸爸，您别看不起女孩，我情愿随你去京城……"

到了京城，小缇萦给皇帝写了一封信："我父为官清廉，行医有术，现被人诬告要受肉刑。人一受刑，不死也得残废，也就失去改过自新的机会。我甘愿卖身做奴隶，替父赎罪，使他不受肉刑，能够重新做人。"

汉文帝见缇萦人小机警，对父孝敬，不由动了感情，就赦免了淳于意，让他领着小女儿缇萦回家了。

小缇萦受到父亲的刺激产生了逆反心理：你说我不行，我偏要行。结果救了父亲。这种逆反心理是好的，起的作用是积极的。

怎样才能使孩子产生好的逆反心理，克服坏的逆反心理呢？

首先，要正确认识孩子的逆反心理。孩子的逆反心理，在心理学上叫做反抗心理。根据心理学家研究，孩子到了3岁左右很自然地进入了"反抗期"，心理学家把3岁左右称为"第一反抗期"。孩子到了5～6岁也很容易自以为是地反抗别人，一直到十一二岁时，儿童对父母的反抗心理还是有增无减。为什么孩子会产生反抗心理呢？这是与儿童的独立性意识的发展有关。他们渴望独立，要摆脱父母的关心和照料，在他们自己处理、解决问题的过程中，常常与父母的意见产生摩擦，发生矛盾，因而出现反抗心理。这时，如果父母经常善意支持孩子的独立行动，孩子把父母看做他的朋友、老师，反抗心理也就不会发生。可是，如果父母肆意责骂孩子，拒绝孩子的意愿，孩子的自尊心就会受到伤害而导致更加强烈的反抗。大多数孩子都吃软不吃硬，家长不妨放下架子，用一腔柔情对待孩子，给孩子温和、理解和宽容，孩子会慢慢平息激动的心情，聆听亲人的劝导，反抗心理就会减弱，逆反心理也会走上正确的轨道。

所以，对孩子的反抗心理、逆反心理要有一个正确认识，这是使孩子产生好的逆反心理的必要条件。

其次，对待孩子的逆反心理，应该采取正确，而不应该以专横的压服的方法来对待。请看下面的一个实例：

某中学有一位以"野"和"泼"出名的女学生。一次课前，她把雨伞挂在教室的墙上，伞上的雨水滴落在一位男生身上。那位男生把雨伞拿了下来，她不管当时上课铃已响了，一跃跳上课桌，又把雨伞挂了回去。老师批评她，她反而大吵大闹。

班主任周老师找她谈话："看来你人不大，可脾气倒不小。你知道吧？今天我的魂差点被你吓飞了！"女学生"扑嗤"一笑，但很快又收住笑，嘟着嘴说："他们那样对我，我面子上下不来。"

周老师说："什么面子上下不来？假如雨伞的水滴在你身上，你会怎样？"女学生说："反正我面子上下不来！"

周老师说："好，你很爱面子，我很高兴。我知道，凡是爱面子的人，是不会再犯第二次错误的，你说是吧？"女学生说："是。"

周老师说："你为什么不对我发火？"女学生说："周老师，您真心待我好，从不强人所难。我犯错误，您找我谈，我都能听得进去。"

周老师说："我也是有个性的，也会发火，如果我也按自己的个性办事，在你犯错误时，把你骂一通，那将是什么局面呢？"女学生说："不可能，不可能，你是老师。"

周老师说："你说得对，因为我是老师，个性受师德的制约，我必须注意培养自己良好的个性。你是学生，就可以撒泼？难道中学生守则对你就没有约束力吗？"女学生说："周老师，刚才是我不对。我今后一定改正。"

请看，周老师采用适当的方法，感化了那位"野"女学生，使那个女学生承认了错误。如果不采用这种方法，而是以"火"对

"火"、以硬对硬的方法，效果就不会那么好了。

（十三）孩子有孤独心理怎么办

孤独心理的表现很多，有奶奶、爷爷的孤独，也有叔叔、阿姨的孤独，还有爸爸、妈妈的孤独以及老师的孤独等。对小朋友来说，他们的孤独表现在哪里呢？你有没有孤独感呢？先看下面实例。

例一："我是生长在玉门石油河畔的一个小女孩，有一个十分幸福的家庭，爸爸、妈妈都很爱我。但随着年龄的增长，我越来越渴望友谊，渴望有一些能互相理解又能倾心交谈的朋友。爸爸、妈妈虽然爱我，但他们毕竟不能代替知心朋友。

我原来有一个好友，我们无话不说，但不久前她转学走了。以后，我常常感到孤独、寂寞，有一种说不出来的惆怅。我多么渴望有个知己来倾听我的心声啊！虽然同学们都和我合得来，但他们仅仅把我当作一般朋友，没有深交的意思。我深感天下觅一知己难，心里真不是滋味。我太渴望得到友谊了。

有谁能理解我的心情，帮助我从这难言的孤独和寂寞中解脱出来呢？"

——甘肃省玉门市一中学生

例二："人生活在社会上，都是需要朋友的，尤其是知心朋友，平时可以互诉衷肠，困难时可以互相鼓励。

我是个普通中学的中学生，从小就喜欢帮助别人，和同学和睦相处，但不知为什么，始终找不到一个知心朋友。我也曾主动去接近和了解过几个我认为可以成为好友的同学，可是经过一段时间的接触，我发觉他们都存在这样或那样的缺点：有的自私，有的好表现自己，有的傲慢固执，不善于接受别人的意见……而这些缺点正是我所讨厌的。尽管我懂得，人无完人，但不知怎样，跟他们总建立不起很深的友谊。我感到烦恼。"

——广西武鸣县一中学生

例三："我是一名班干部，学习也一直很好，老师、家长都很喜欢我，按道理说，我应该是无忧无虑的，然而，我的烦恼却是太多太多。我觉得，班上实在是没有一个同学能理解我，没有一个诚心待我、帮助我的知心朋友。我常感到很孤独、很寂寞。我认为一个好中学的重点班，学习风气肯定很浓，同学们肯定都很高雅，同学之间的关系肯定很融洽。但现实生活却不是那么回事。同学之间的人际关系是那样油滑，那样缺乏真诚，几个我原先认为很好、很正派的同学是那样令人失望！

我是一个独生女，我最渴望得到真诚的友谊和信任。然而，我也时常伪装自己，学会了圆滑地处理一些事情，我感到我似乎老成多了，但我不知道这样是否有好处。

一个失却导向、寂寞忧伤的女孩盼着指点。"

——山东省济南市一中学生

以上三个事例说明，中小学生之所以感到孤独，在于他们无法找到知心朋友。这就是他们感到孤独的特殊性，而这种特殊的孤独，他们是不肯也不愿意向他们的父母透露的。正因为这样，我们更有责任帮助他们，和他们共同找到满意的知心朋友。

由于在孤独中希望找到朋友的心理十分迫切，有的人往往在不知不觉中失去警觉而上当受骗，所以交友首先要慎重。同时，有些同学在孤独中，因缺少与老师、家长交流的勇气而走入歧途。

请看下面的事例。

兰州市一个工厂的青年工人朱某，性情十分孤癖，工余无事打发时间，感到十分无聊。当他听说一位老工人炒了几回邮票炒到两万元，于是朱某决定试一试。在邮市一连逛了 3 天，他不耻下问，还真有收获，什么小型张、套票、版票、方联、纪念封、邮资片，已略知一二。

突然，他发现几位邮人聚首密谈，他赶紧凑上去。一位友善的邮人悄悄告诉他：某报今天登载一篇《猴年话邮》的文章，说猴年邮票大陆出了错片，英文印成了中华民国的标志，瘟猴的出现必将引起猴封系列看涨。果不然，只一会儿工夫，猴片从 30 元涨到 50 元，有人估计可能要涨到 100 元。朱某认为机会难逢，热血沸腾，自己可以从孤独中解脱出来了。

等了半天，人渐稀落，猴票却一直未涨上去，朱某感到不妙，四处奔走打听，他反复找来盛传的那张报纸，也没能找到那篇诱人的文章。

深陷困境的朱某失魂落魄地在邮市里游荡。有一天，无意间碰到一个很面熟的邮人 S。傍晚，朱某突然敲门。S 是一位纯朴的集邮好手，也很懂邮票及市场行情。看到朱某可怜巴巴，也就不忍拂其好学之心，纳其进屋，谈了集邮珍藏之道。

朱某暗自庆幸这次才算走出了孤独。第二次又来到 S 家，S 将几十年来收藏的几十种珍贵邮票及易价高的邮票和盘托出。S 有一种隐约不安的感觉，当即把两本珍贵的邮册深藏了起来。

从 S 家出来，朱某苦思冥想良久，心理难以平静，为什么别人这样"富有"，于是萌生了坏主意，决计将邮册偷出。第一次到 S 家门口，想破门而入未果。从此，他夜不成寐，食不甘味，一个疯狂的计划终于出壳了。而后发生了谋财害命的刑事犯罪。

以上是社会上的例子。学校中也有坏人，学生也不例外。请看下面的例子。

彩券风潮刮进了边远县城德都县，一时间，摸彩成了市民们的时尚。某中学高三（1）班女教师王某花 5 元钱中了个头彩 2 万元，勤勤恳恳工作了一辈子的她，高兴得一夜未合眼。

谁知，天有不测风云。正当王老师中彩的消息在校园里传开的时候，班上的一个学生孙某却暗自打上了坏主意。星期天，孙某来探望王老师，在老师转身拿茶杯的一瞬间，孙某操起身边的劈柴斧对准她的头部连砍数下，可怜王老师还不知怎么回事，就气绝身亡了！孙某翻箱倒柜也没有找到 2 万元钱，慌乱中骑上王家的自行车，向城外逃去。

公安人员接到报案，迅速破获了这起杀人抢劫案，18 岁的中学生孙某被判处了死刑。

以上事例应引起我们深思：首先，在学校里或社会上交友一定要慎重！所谓慎重，与对方交往一段时间，不仅要听其言，而且要观其行，日久见人心，千万不能轻信。

其次，要以诚待人。什么是以诚待人呢？请看下面事例。

有一次，在一个寒冷的夜晚，巴尔扎克卷缩在被窝里难以入睡，忽然一个黑影从窗外跳了进来，左顾右盼地搜寻着。当他摸着了抽屉，一无所获之后，又向那只破旧的皮箱搜去，可是仍然扑了空，最后又向柜台这边走来。

"小偷!"巴尔扎克想。他不禁笑了起来,因为这些地方,除了书籍和手稿之外,什么值钱的东西也没有!他这样摸来搜去,叫我怎能入睡呢?于是,他打开了电灯,看到一个衣衫褴褛的青年,正在惊慌失措地颤抖着。

巴尔扎克站起来,披了件大衣,向青年笑着招呼道:"可怜的朋友,别紧张,这不能怪你。"他指着椅子说:"请坐吧!你一来,我本想告诉你,但怕你不相信,你自己找一找也好,但却让你白忙了一阵。不瞒你说,我白天找遍了每个角落,可是一文钱也没有找到。你摸黑,怎么找得着呀!这样吧,我身上这件破大衣,拿去随便卖点钱用用吧,朋友!"

青年没有接受大衣,但感动得哭了起来。

巴尔扎克对小偷并没有歧视,相反,要把大衣赠给小偷,使小偷十分感动。像这样一种待人的态度就叫做以诚待人。如果我们在和别人交往时,态度也能这样诚恳,那么,怎会交不到知心朋友呢?一些人之所以交不到知心朋友,就在于他自己对朋友并不是诚心诚意,而是三心二意的,所以,他才会交不到知心朋友。

再次,与朋友交往,必须讲信用。"言而无信,不知其可也。"一个人如果不讲信用、不守信用,那是决不可能找到知心朋友的。

请看下面事例。

英国政治家福克斯(1749～1806)以其言而有信著称。他所以能这样,是他父亲教育的结果。

福克斯父亲是英国的富绅。他的花园里有一座旧亭子,他父亲想将其拆除,并在较开阔处另建一座。小福克斯从学校回家度假,正巧赶上工人在拆迁亭子。小福克斯很想亲眼看一看亭子是怎样拆除的,所以他打算推迟一些时间返校。父亲却要他准时到校上课。为此,父子俩争论了很久,末了,父亲答应将亭子的拆迁时间推迟到明年假期。于是小福克斯就离家返校了。

　　父亲想，在学校里，儿子忙于学习，慢慢会把此事忘掉的。于是，儿子一走，他就让人把亭子拆了，在另一处盖了一座新的。谁知小福克斯一直把这事放在心上，放假后一回到家，就向旧亭子走去。当发现真情后，他就郁郁不欢地对父亲说："你说话不算数！"年迈的父亲听了大为震惊，严肃地说："孩子，你说得对，我错了，我就改。言而有信比财富更重要。"

三、道德品质方面的问题

（一）孩子没有远大理想怎么办

俄国著名作家列夫·托尔斯泰曾经说过："理想是指路明灯，没有理想，就没有坚定的方向，而没有方向，就没有生活。"

我们也可以这样说：没有理想，在学习上就没有动力，没有动力，学习就不可能搞好。

世界上许多著名的科学家，都是由于树立了他的理想，才开始刻苦学习而有所成就的。

比如，蒸汽机车发明家斯蒂芬逊就是这样一个人。

斯蒂芬逊于 1781 年 7 月 9 日出生在英国森伯兰一个煤矿工人的家庭。他的童年是在泪水中度过的。他没有机会上小学。8 岁的时候，他去当放牛娃。14 岁时，他进煤矿当徒工。斯蒂芬逊一家 8 口人，仅靠父亲一人做工维持生活。斯蒂芬逊为了替父母分忧，在下工之后，还常帮人修理钟表，刷补皮鞋，做点小工，以贴补家用。就这样，他到 17 岁时还是个文盲。

在煤矿里，斯蒂芬逊常要擦洗机器，他渐渐从中学到一些机械知识，喜欢上了机器。由于他没有文化，有时弄不懂机械原理，就用泥土做成机器模型，仔细琢磨。

渐渐地，斯蒂芬逊的求知欲越来越强。他深深懂得，没有文化，就很难进行创造发明。于是17岁时他就报名读夜校，从小学一年级读起。经过几年的顽强学习，斯蒂芬逊终于摘掉了文盲的帽子。

后来，他终于成了一位大发明家。

这个事例说明，正是由于他有了理想，喜欢上了机器，想有所发明创造，才这样认真学习的。当他和一些只有七八岁的孩子坐在一起学习时，他的心情并不好受，但是，理想鼓舞了他，他不顾人们的嘲笑，努力地学习着。由此可见，树立理想对学生的学习，起着十分重要的作用，理想是学习的动力。

怎样帮助孩子树立远大理想呢？主要靠教师和家长的帮助，特别是家长，和孩子生活在一起，他们最了解自己的孩子，他们的帮助起着决定性的作用。

比如，1972年刚满14岁的法国著名神童阿瑟·拉米安德里索的成长就是一个最好的证明。

当阿瑟被聘为巴黎大学中一位最年轻（14岁）的研究员时，谁也没有想到，他根本未上过学校，更不要说是大学，全是靠他的父母在家辅导成才的。

阿瑟的父亲是一名精神分析研究专家，他说，他的儿子就像是一块海绵，能很快把各种知识吸进去。

阿瑟刚学会说话就跟父母学写字，读小人书。后来，父母又教他数学、语文，接着又教他学法语、物理、化学等，他一学就懂，而且记得很牢，其理解能力惊人。父母又引导他树立做数学家的理想。在父母的精心培育下，阿瑟11岁就通过了相当于中学毕业程度的考试，接着又通过大学考试，获得了巴黎大学的数学硕士学位，因而在全国闻名。

　　孩子树立理想要靠父母帮助，但如果一味的说教，孩子并不会接受。那么，采取什么方式比较恰当，这就值得研究了。李润来和周会英是一个少年大学生的家长，他们教育孩子树立理想的做法对人们很有启发。现将他们的经验介绍如下。

　　他们说："理想是孩子们走向成功的动力。只有帮助孩子从小树立理想，才能使他们有奋斗的方向。然而对于孩子来说，理想是一个很抽象的概念，不能用空洞的说教或讲大道理的方式去教育，必须针对孩子的年龄特点，以生动、有趣的讲故事形式，潜移默化地进行。我们经常利用晚饭后或者睡觉前的时间给孩子讲牛顿、瓦特、爱迪生、高尔基、华罗庚、陈景润等中外著名科学家勤奋学习的故事。当孩子看到水壶里水开了，壶盖动起来的时候，就给他们讲瓦特发明蒸汽机的故事；当孩子遇到难题解不开时，我们就向他介绍陈景润决心要摘下'哥德巴赫猜想'这颗数学皇冠上的明珠，并且终于在9平方米的小屋里初步解开了这道难题的故事。孩子听了很受感动，都说要向陈景润叔叔学习，立志长大要当数学家。

我们还利用看画报、小人书、电影、电视等向孩子进行理想教育。当画报上刊登了中国科技大学少年班首批招收的学生宁铂、谢彦波等人的事迹及11岁的小大学生踩凳子上黑板答题的照片时，我们就向他介绍。李哲（第二个儿子，后为吉林大学少年班学生）听后，羡慕极了，当时就提出'我也要跳级，也要考少年大学生班'。我们一面称赞他人小有志气，一面帮助他补习功课。他终于提前一年升入了小学三年级。在孩子有了理想以后，我们还让他懂得成功的道路是不平坦的，给他们讲数学家杨乐在小学升初中的时候，由于数学不及格而名落孙山，然而杨乐不灰心、不气馁，刻苦学习，终于考入北京大学的故事。让孩子懂得知识的天平是公正的，他把机遇给了每一个人；可它又是吝啬的，只给勤奋的拼搏者。鼓励孩子在学习上无论遇到什么困难，都应像杨乐叔叔那样不怕挫折，勇于拼搏，总有一天会实现自己的理想。由于我们平时注意收集有关科学家的事迹材料，并经常通过各种形式向孩子灌输，使孩子心中时时出现科学家的形象，在孩子幼小的心灵里播下了理想的种子。"

如何帮助孩子树立理想，以上的例子值得大家借鉴。

（二）孩子缺乏自强进取的精神怎么办

什么是自强进取呢？且看下面事例。

我国有一位自幼双目失明的青年叫王韧，中央电视台拍了一部介绍他自学英语的电视教学片；英国广播公司给他录音，向外国人播出；美国著名的伯金斯盲人学校录取他为留学生，并向他提供全部学费和生活费，使他成为我国第一位盲人自费留学的青年。

请看他自己谈怎样自学英语的经过吧：我出生 7 个月时被摘去了眼球，也就失去了光明。由于爷爷、父母对我的关怀和爱护，我对生活不但没有感到绝望，而且鼓起了生活的勇气。我要证明，明眼人能做到的，我们盲人也能做到。

1971 年 10 月 1 日，我永远不会忘记这个日子，北京广播电台举办的英语广播讲座开播。那时，外公每天去挖防空洞，把我锁在家里，我就像和尚参禅一样静坐在收音机前听国内的英语广播，有时还听国外的英语广播。开始，听英语还凭兴趣，图个新鲜，后来就入迷了，一听就是七八个小时。

我没完没了地听，没完没了地练。通常，我每天学五六个单词，一两个句型。一个句子说上几十遍，背得滚瓜烂熟。我学了就敢用，遇到懂英语的人就一个劲地往上钻。爸爸、妈妈也鼓励我说："光光，快来用英语聊两句。"开始尽管错误百出，但我不怕别人笑话。我越说胆子越大，后来觉得与中国人说英语满足不了我的胃口了，我就找外国人，找英国人。有一天，我与弟弟一块到英国驻华大使馆，告诉武装门卫，说找英国人借英文杂志。这个门卫战士没有阻拦我们，而是通知了英国人。我想，我还是沾了没眼睛的光，英国人也还真的出来了。就这样，我跟英国驻华大使馆的二等秘书交上了朋友，常去使馆图书馆借阅英文小说和报刊，到"英语环境"里熏陶熏陶。

我总是事先在家里编好一些句子，到大使馆后就与二等秘书用英语交谈。其实，他真的念上一段，我也未必都听得懂。只要跟他对上几句英语，目的就达到了。我开始学英文打字时，付出了比明眼人多数十倍、数百倍的心血。为熟记打字机近50个机件和键盘的作用和部位，我摸索着一遍遍地把打字机拆卸和组装，练习指法，一个字母，我几百遍，几千遍地弹击，手指头都弹肿了。刚刚学会，我就试着给侨居英国的姨妈打信。第一封信，整整忙了一天。姨妈回信说，看明白了。我受到了鼓舞。我发疯似地练习。现在，可以说，我已进入了英文打字的"自由王国"。打字机出现了小毛病，我

可以排除。凡见过我打字的人，都说我打字快速、准确。如果不亲眼看见，真难以相信。

我给英国皇家盲人图书馆打信，向他们借阅盲文版《牛津学生字典》及大学低年级英文数理化教科书。我还从西德、美国的图书馆借到了六七种盲人外语杂志和特为盲人制作的音响书刊，如《欧洲盲人观察》、联合国教科文组织编辑的《信使》盲人版、美国的《辛迪加盲文杂志》等等。后来我就给这些盲文杂志投稿，介绍我国盲人状况，还在杂志的广告栏里登寻求笔友启事。现在，有两个英国盲人笔友经常寄来他们诉说心里话的磁带。

承蒙北方交通大学教导处的特殊照顾，我获准旁听由外国专家讲授的英语课，使我的英语水平有了明显的提高。我的英语越说越流利，越说越地道。在电话里，连英国人也常常分不清我是中国人还是他们的同胞。

前年夏天，我为美国加州特殊教育代表团做陪团翻译，得到他们的好评。我又以几乎满分的成绩被美国伊利诺州哈德利国际盲人函授学校录取。该校的英语教师、美国盲人威尼弗雷德·唐宁女士前年随美国盲人教育代表团来北京，他专门访问了我的母校——北京盲童学校，并来我家做客，向老师和父母了解我的学习、生活情况。她与我进行了长时间的英语交谈并录了音。唐宁女士回国后写来了一封热情洋溢的信，信中这样写道："回到美国后，大家一直在谈论着中国、中国盲人，但谈得最多的还是你。经过艰苦自学，你的英语说得那么好，简直令人难以置信。我们都相信，若在你身上进行智力投资，肯定会获得成功……我要趁热打铁，赶快向美国各界呼吁，让你尽快来美深造。"唐宁女士是一位满头金发、戴黑色盲镜的慈祥的美国老人，我深深地崇敬她。

我小有"名气"了。父亲所在的北方交通大学内燃机研究室的支部书记把室里所有同志的子女召集起来，让我为他们上课；北京、青岛不少大学进行新生入学教育时，请我去做报告；民主党派的培力职业学校，也拉我为学员现身说法。

说什么我也不想走盲人的传统之路，不想走盲人只求温饱的无所作为之路。别人认为盲人不能做的，只有明眼人才能做的事，我偏要试一试。我始终认为自己与明眼人并没有什么两样。你们信不信？迪斯科我跳得好极了。我坚持自己去商店买东西，一般地说，售货员对我的态度要比对明眼人好得多。我能做饭炒菜，而且火候、调料我掌握得可好了。我做的鸡蛋汤清香可口，我炸的土豆片酥脆香甜，全家人都爱吃。我爱好体育、武术，我会游泳，一直为没有机会横渡长江而遗憾。在北京市第一届残疾人运动会上，我获得了定点跳远冠军。我会骑自行车，我还会在夜深人静时，在学校的操场上开摩托车。

我最崇拜的是海伦·凯勒，她也是一个盲人，她是真正的美国英雄。她曾经说过一句名言："相信自己做得到，你就能做得到！"我永远把这句话作为座右铭来鞭策自己。

通过王韧的话，我们可以充分了解什么是自强进取的精神和品德了。如果王韧没有自强进取的精神，而是听从命运，那么他将在"黑暗"的世界中了却一生，就不会有什么成就了。

如果每一个学生都有这样一种坚强的自强进取的精神，那么在学习上还会有什么困难不可以克服呢？更何况我们不是盲人，有什么理由可以不自强进取呢！

所以，我们提倡自强进取的精神！

（三）孩子经不起挫折怎么办

什么是经不起挫折？

请先看下面的事例。

2000 年 7 月 12 日，从辽宁本溪传来令人震惊的消息：某中学女生杨林，当高考试题答案在网上公布后，自测成绩不够理想，竟在卧室里用一条绳子结束了自己花一样的美好年华。

7 月 24 日，全国高考成绩公布，杨林的成绩令人扼腕：她的成绩是 542 分，比辽宁省重点大学录取分数线高出近 30 分。这样的成绩可以考上吉林大学、辽宁大学等一类本科院校。显然，这个结果对已逝去的 18 岁的生命来说是来得太迟了。

杨林是个怎样的学生呢？

杨林当年 18 岁，是父母的独生爱女，每天都承受着父母的关爱与呵护。从小到大，她的成绩也一直是父母骄傲的资本。

杨林的父亲是县里的干部，受人尊重；母亲做生意，收入颇丰。与一般同学相比，她的家境让人羡慕。

上高中后，杨林担任了班长，在课余时间帮助老师做了很多工作。书法和绘画是她的特长。杨林不仅功课好，而且 1.69 米的身高在女生中颇为突出。她的百米短跑成绩保持着全校第一。利用假期，她还学会了电脑和汽车驾驶。高中二年级文、理科分班后，杨林卸下班长一职，在学校学生会任秘书长。她的英语成绩在这所学校的重点班里是一流的。

杨林在分班后，起初成绩只属于班级中游，但过了不久她的成绩就上来了，并且稳定在前 5 名之内。这次高考所得的 542 分在班上名列第四，对于杨林来说，属于正常发挥。

高考前的杨林与其他同学一样，沉浸在大考之前的紧张学习中。在完成自己功课的同时，她还帮助同学解答难题。

7月12日上午，她在同学家中利用电脑查看了教育部门在网上公布的标准答案，并估算了自己的分数是520分左右，她觉得不是很理想。据同学讲，当时她并没有出现大的情绪波动，还与同学玩了一会儿扑克，然后才回家。

中午吃饭时，杨林同家人和亲属讲了自己估算的成绩，并在饭桌上和家长议论了分数与所报志愿的情况，认为考上理想大学的希望不大。当时，杨林表面上情绪一直很平静，没有任何异常的迹象。

吃过饭后，送走了亲戚，杨林父亲回到自己的房间午休，杨林也回到了自己的房间，锁上门，拉上了窗帘。她的父亲一觉醒来，叫女儿不见回音，房间里也没有一点儿动静，敲门不开，感到情况不妙的父亲撞开女儿的房门，发现女儿上吊了，绳子系在窗后上方的暖气管上，已死去多时。

杨林的班主任对杨林之死表示极为惋惜："真的想不到她会出事！"

"杨林非常优秀，文体功课样样出色，又是学生干部，平时很开朗，542分在班上名列第四对她来说是正常发挥，上吉林大学、辽宁大学没有问题。谁想到会出这样的事，太可惜了！"人们议论纷纷。

杨林为什么会这样呢？

原因可能很多，但一个直接的原因就是缺乏对挫折的抵抗力，经不起挫折。正因为这样，她等不到一星期后正式公布的542分，就匆匆地走了。如果她能经得起挫折，那么她一定能挺住一个星期，绝不可能拿生命来开玩笑。这说明经得起挫折和经不起挫折，结果是大不一样的。有材料说明：我国每年20岁以下的自杀者占自杀人数的8％左右，其中2/3就是像杨林这样经不起挫折的学生。

怎样才能增强对挫折的抵抗力呢？主要注意以下两点：

第一，要使孩子认识到世界上的事都是十分复杂曲折的，一个人要获得成功，不经过挫折是不可能的。说到经受挫折，在我国历史上有两位人物特别值得我们学习，一位是卧薪尝胆的勾践，一位是写《史记》的司马迁。

公元前496年，吴王阖闾伐越时受伤身亡，其子夫差继位，发誓报仇。3年后，夫差率领大军与越军交战，打败了越国，越王勾践在会稽山被俘。后吴国军队把勾践夫妇作为人质押解到了吴国。

夫差有意侮辱他，让他住在他父亲阖闾墓旁的石屋里，专管马厩。还不时派人暗中窥视。

勾践表面上对夫差十分敬重，夫差要乘车，他给牵马；夫差病了，勾践甚至为他嗅闻粪便以察病情。夫差由此逐渐对勾践产生了好感，就这样，勾践熬过了整整3年。夫差看他毫无反抗之意，便不顾伍子胥的反对，放勾践回国。

勾践回国后，不忘会稽之耻，立志图强，报仇雪恨。为了鞭策自己，他自己耕作，夫人织布，平时睡在柴草上，并在自己的门边挂了个苦胆，饭前都要尝一下苦胆，然后扪心自问："你忘记会稽的耻辱了吗？"在他的治理下，举国上下，同仇敌忾，奋发图强。没几年时间，越国便强大起来，最后消灭了吴国，争得了春秋时期中原最后一个霸主的地位。可以说勾践是经受挫折而不气馁，奋发图强的典范。学生的中考、高考落榜，比赛失利，少先队队长被撤等等挫折和勾践的生死存亡的挫折相比，真有天壤之别，我们的孩子还有什么理由不可以承受挫折，对挫折产生抵抗力呢？

再说司马迁。

司马迁视察西南后回到长安，得知父亲在周南病危，立即赶往探视。父亲临终时告诉他说："自周幽王以来四五百年，无一部好的史书。我死了皇帝会让你继承我的太史令职务，你要写出一部好的史书。"

司马迁的父亲司马谈死后第 3 年，朝廷任命司马迁为太史令，他从此开始阅读、整理国家的藏书和档案资料，为写《史记》进一步做好准备。

汉武帝于公元前 99 年派李陵出击匈奴，李陵寡不敌众，被迫投降匈奴。武帝集群臣，讨论惩罚李陵，司马迁为李陵辩解，被武帝处以腐刑。这是一种极端污辱人格的酷刑。他羞耻到极点，曾想一死了之。但他立即想到父亲对他的期望、个人的志向和作为史官的责任，轻生念头也随之消失了。他忍受人们的耻笑和"朋友"疏远的孤寂，开始了勤奋著述——写《史记》。他以周文王被关羑里而演出《周易》、孔子困厄陈蔡而成《春秋》、屈原被逐而有《离骚》、左丘明双目失明而著《国语》、孙膑膑盖被剜而写《兵法》等事例以激励自己。此后，虽然汉武帝又任命他为中书令，但这也未能使他宽慰。真正使他宽慰的是，他以 16 年的时间终于写成了 50 多万字的

《史记》这部不朽的巨作，实现了自己的理想。

司马迁受到人间最残酷的酷刑，也即人间最不幸的挫折，而他并没有屈服，他用 16 年的时间，终于完成了我国最伟大的著作——《史记》。他又是一个为我们树立了怎样对待挫折的榜样。如果我们的孩子都能以他为榜样，那么孩子对挫折的抵抗力一定会增强。由此可见，我们说在正确对待挫折的问题上，一定要使孩子认识到世界是复杂的，挫折是不可避免的，要教育孩子对挫折一定要有正确的认识，才能避免受到一点挫折而倒下。

第二，在对孩子进行挫折教育的时候，一定要讲究方法，任何粗暴的不正确的方法都会带来严重的后果。

怎样用较好的方法来引导孩子正确对待挫折呢？被美国 4 所名牌大学同时录取的刘亦婷，她的妈妈刘卫华曾经有较好的经验。在《哈佛女孩》一书中，她曾这样写道：

那是上学才个把月的事情。在学校，婷儿的主动活跃很快就引起了班主任的注意，开学没几天，班主任就让她当了代理班长——正式的班长要在两个月之后再决定。刚入校就受到重视，我们当然高兴，但很快婷儿就因为一件意外的事情而失宠了。那是在语文课上，班主任正教大家用拼音读生字，在读四声字的时候，班主任先读三声再转到四声，如把"区玉——去"读成"取玉——去"。婷儿在家里习惯于随时纠正错误，她马上举手发言，当众指出了班主任的读音错误。班主任非常不高兴地说："我没有读错。"婷儿还想和她争论，但被要求坐下，并被批评为骄傲自满，随后代理班长的职务也被撤了。

婷儿很不服气。回家告诉我之后，我首先肯定了婷儿的发音是正确的，然后告诉她："指出班主任的读音错误虽然没有错，但当众纠正效果很不好。第一，她可能认识不到自己读音不对，觉得你在出风头，干扰她的正常教学。第二，有的人很爱面子，不喜欢别人当众指出错误，尤其是被你这样的新学生指出错误。虽然这不是什么优点，我们不应该学习，但也不可能去改变它，我们只能改变自己的做法去取得好的效果。比如说，你在下课之后单独找到班主任，用请教的方式向她提出这个问题，你看会不会是现在这个结果呢？"

婷儿想了想说："我想不会，至少老师不会因此而不高兴。因为这种做法不会伤老师的面子。"婷儿又问："那为什么老师错了就可以不改正，我错了就必须改正呢？"我笑着说："你不改正考试就要丢分，你干不干嘛？"婷儿也笑了，说当然不干。我趁机告诉她："如果老师有问题，归学校领导管。你以后再遇到这种情况，最好先回来问妈妈。至于代理班长，撤就撤了吧，如果你能记住这个教训，还可以使这件坏事变成好事呢！"随即，我们的话题便由师生矛盾转向了哲学："为什么坏事能够变成好事，好事也能变成坏事……"谈着谈着，婷儿的委屈就被新的兴趣所代替，一次心理危机也安然化解。

像这种发生在孩子与老师之间的矛盾，如果没有家长的引导，很容易给孩子留下永久性的创伤，轻者造成是非观念的混乱，重者形成反社会倾向。如果在问题形成之后再来解决，将非常困难，为了避免走到这一步，我情愿把功夫下在预防之上。

一年之后，婷儿又遇到类似问题，她的处理方法老练多了：

昨天，老师给我们讲《春晓》这首诗，老师说："这首诗是孟浩然写的，他是唐朝的。"可是我听成是宋朝的了。回家以后我问妈妈："孟浩然是哪个朝代的？"妈妈说："是唐朝的。"我说："妈妈，那老师说错了，她说是宋朝的。"妈妈说："不会的，一定是你听错了。"幸亏我没有像原来那样，站起来纠正老师。

（引自《哈佛女孩刘亦婷》第 167 页）

请看，如果刘亦婷的母亲不采取这种有效的方法来引导孩子，正确对待挫折，那师生之间的矛盾将是无法解决的。

（四）孩子有小偷小摸的行为怎么办

请先看下面事例。

小三儿生活在一个五口之家，家庭经济虽然不很宽裕，但爸爸、妈妈相亲相爱，对兄弟三人更是关怀备至，使这小小空间充满温馨和欢乐。

一天半夜，当孩子们熟睡之后，妻子悄悄将丈夫推醒，严肃地告诉他一件事。原来，他们的小三儿寒假里和几个同学一起偷商店的东西，派出所已将妻子找去谈了这件事。

丈夫一听，顿时火冒三丈，他真想狠狠地揍小三儿一顿。但他没有这样做，冷静下来一想，打又有什么用呢？孩子才 14 岁，以前从没发生过这种事，只要能正确引导和教育，他一定能改过。于是，夫妇二人连夜商量了教育孩子的方法，统一了三点认识：1. 在两个大孩子面前不要提起这件事，以免日后兄弟间发生口角揭小三儿的短，刺伤他的自尊心，不利于孩子改正缺点。2. 小三儿的过错先由妻子同孩子谈，以后寻找机会再由丈夫同儿子谈。3. 对小三儿只能批评，不能用冷言恶语挖苦，更不许打骂，应更加体贴他、关心他，要正面教育、引导。

3 天后，丈夫提前下班，刚好两个大孩子不在，而小三儿已经放学回来了。于是，父亲把事先准备好的一份法制报拿给儿子，让他看上面一篇关于"少年犯"的文章。儿子看罢，父亲就事论事，根据报上揭露的事实，给孩子讲盗窃者总是得寸进尺，永不满足，从而愈偷愈烈的犯罪心理，孩子听得很认真，不断地点头。但这一次丈夫丝毫没有涉及孩子偷商店东西的事。

又过了一个星期，派出所将小三儿盗窃挥霍掉的东西折款250元，令其原数退赔。丈夫从妻子那里得知，小三儿为此事很着急，因为他知道家里去年已经欠了一笔债，目前没有多余的钱。丈夫想，现在是直接跟小三儿面谈的时候了。

那天晚饭后，当爸爸的直接对儿子谈了其所犯的错误，给他讲了一番道理，最后说："虽然咱家欠着债，但这250元钱，就是借，家里也一定替你赔上。不过有两条你必须记住：一是吸取教训，以后彻底改正，绝不允许再有第二次；二是必须抓紧学习，从各方面严格要求自己。"听了父亲的话，小三儿发自内心地哭了，他真诚地说："爸爸，你放心吧，我再也不干坏事了。"

从此，小三儿真的变了，他把精力从与同学讲吃、讲穿转移到学习上，学习成绩不断提高，期末考试，他的成绩在班上名列第一。

以上事例可以看出，小三儿父母对小三儿采用的方法是十分巧妙的，也是十分有效的。

它究竟好在哪里呢？概括起来说，它好在有分寸地掌握教育方法。

第一，小三儿父母对小三儿的行为没有暴跳如雷，没有动武，而是正确引导，耐心细致地教育。如果打骂小三儿，那效果就不可能这么好。可能小三儿恼羞成怒，离家出走，后果就难以设想了。

第二，在教育的场合上小三儿父母很注意分寸。不是在公开场合批评小三儿，而是在两个大孩子不在家时对小三儿进行教育，更不是到学校去捅开此事，这样既保护了小三儿的自尊心，又有利于孩子的转变。

第三，在教育的时间上小三儿父母很注意分寸。什么时候该做引导工作，什么时候该当面谈，安排得很妥当，这样小三儿就很容易接受批评，而不产生抗拒心理。

由于小三儿父母在教育小三儿犯小偷小摸行为时，分寸掌握得比较好，所以取得了良好的效果。

通过以上事例及我们的分析，对犯有小偷小摸行为的孩子，家长们在处理时，至少要做到下面两点：

第一，一旦发现孩子有小偷小摸行为，千万要冷静对待。如果家长自己不冷静，火冒三丈，自己都乱了方寸，对孩子的教育就掌握不了分寸。由于父母的不冷静，产生了许多不该发生的悲剧，如打死自己犯错误的孩子、打跑不争气的孩子等等，这都是大家熟知的事实。难道能让这类悲剧再重演吗？

第二，要找出最佳的方法来处理孩子的错误。孩子犯了错误，既不要包庇，又要分轻重深刻地教育，最佳的方法是靠分析得来的，只要认真进行分析，那么，好的方法是一定可以找到的。在教育孩子的过程中，父母双方的教育方法一定要取得一致，如果各敲各的锣鼓，教育效果肯定不好。小三儿所以能教育好，他父母的意见一致是一个重要的原因。

第三，要求孩子不要有小偷小摸行为，就要求父母做出榜样。如果自己做不到，孩子也不可能做到。下面这个事例能充分说明这个道理。

在看守所里，吴小洪双手掩面，嚎啕痛哭——"我恨我自己，更恨我妈，是她害了我呀！"

吴小洪，祖籍山东莘县，兄弟三人，他是老大。他们很小时，随父母去辽宁一个煤矿谋生。

在这个家庭里，吴小洪的母亲绝对是"唱主角"的。她利用在矿上打零杂工的条件，捡回一些所谓的"废铜烂铁"卖钱，把一个靠一人挣工资生活的五口之家操持得丰衣足食，让别人不敢小看。

吴小洪17岁那年，随父亲在矿上当了工人，其母又把捞外快的希望寄托在儿子身上，并常诱导说："公家的东西不捞白不捞。"吴小洪也没有"辜负"母亲的期望，一年下来还真捞了个千儿八百的。一次，吴小洪的"第三只手"被抓住了，矿上开除了他。不久，其母找理由将吴小洪的户口迁回了山东老家。1986年底，吴小洪的母亲又通过关系，将其送到了部队，进了某部农场。

吴小洪交待："我怀着喜悦的心情，把在部队一年多的情况告诉家中，满以为也会像其他战友一样，会得到父母的'我儿子真有出息'之类的夸奖和'继续努力，再获新成绩'的鼓励。然而，我妈的来信却……"

"洪儿，你当兵一年多入了团，受到了奖励，当妈的也说不出啥，但你想想那有什么用呢？其实，那些都是假的，骗人的。你现在成人了，要想到弄几个钱，你今后找对象就不用愁了，我看你还是趁现在的有利条件，想办法弄几个钱吧……"

母亲的来信，让吴小洪几个晚上睡不着觉，他越想越觉得妈妈的话有道理，越想越觉得钱比什么都好。

1988年10月，农场开始收稻子。稻子上场，自然要派人看护，领导把这个任务交给了吴小洪。

这天晚上，吴小洪躺在稻草上又想起了搞钱的事，他猛地坐了起来。自己看着这么一大堆稻子，不弄点钱太亏了。

第二天中午，一桩肮脏的交易在农场附近的一个村头树下进行着。吴小洪以每袋30元的价格，将6袋稻子卖给地方不法分子于某。当天晚上，吴小洪得了现金180元。

半个月时间，于某就作案11次，吴小洪获赃款2100余元。

吴小洪交待："一下子得了那么多的钱，我既高兴又害怕，我把钱全部寄回了家中，并把钱的来源如实地说了。不久，便收到妈妈的回信。"

他妈妈来信说："洪儿，咱家时来运转，扬眉吐气了！有钱就变了脸，笑话咱的你五爷也改变了对咱家的态度。你是妈最好的儿子，你要争气，免（挽）回失去的损失。"

1988年12月，农场集中兵力到离场部5千米外的养鱼场修鱼池，饲养厂停工，人员也都去修鱼池了。领导把他留下来当了临时保管员。吴小洪接过钥匙，心里一阵暗喜："天助我也！"

短短20天，他就联系了地方不法分子10多人，作案20多次，获赃款1.1万元。

正当他洋洋得意的时候，一次"纰漏"差点儿使他"栽"了。吴小洪把这可怕的消息向他妈妈作了汇报。

他妈妈立即来信："……你怕什么？自古说，捉奸捉双，捉贼拿赃，他们没抓住你的手，你不承认，不就没事了？今后吸取教训，要见机行事，少卖几个钱不要紧，到邮局寄钱也要注意，常换个便服，戴个墨镜。"

场领导真的查到吴小洪的头上。吴小洪坚信妈妈的话，来了个一问三不知。场领导当时虽发现了一些问题，也怀疑过吴小洪，但没有抓住什么证据。所以，只在军人大会上旁敲侧击地批评了一下，换了把锁，就把这事搁下了。

吴小洪交待："我想以前搞的不少了，这一次又差点儿被查出来。我年底就服役期满了，到时候要求退伍，一走了之。我把这个想法告诉了我妈，没想到……"

我妈妈来信："你最好在退伍前再见机搞几次，你现在的条件对咱家太有利啦！孩子，你要想到，过了这个村，就没有那个店啦！"

1989 年 11 月 2 日，吴小洪作案时被抓获。

富有戏剧性的是，在吴小洪被收审的第 10 天，办案人员扣留了吴小洪妈妈邮来的一封信：

"……汇来的几笔款子收到了，全家都高兴。你要抓住现在的有利时机多搞几次，搞点清油、玻璃也很好卖……"

请看，这个母亲的品质十分恶劣，是一个教唆犯。以这样丑恶的思想来教育孩子，那孩子岂能不犯法、不坐牢！吴小洪的家庭是一个黑色的染缸，在这个染缸里生活的吴小洪，岂有不被染黑之理！

（五）孩子早恋怎么办

目前，在学校里，孩子早恋已是一种普遍现象。据统计，初中公开的和隐秘的恋爱约占 1/6，高中约占 1/7。由于早恋，当事人的成绩普遍下降，心理大都不够健康。这已成为十分严重的问题。甚至有的小学生也有这种现象。

怎样正确处理好这类问题呢？

第一，一旦发现孩子有早恋现象，家长要好好教育和引导，否则后果是不堪设想的。

请看下面事例。

小安年仅 15 岁，本有一个可称得上幸福的家庭。她上初中二年级时，父亲下岗，家庭收入减少，父母由此经常发生吵闹，这样使小安无法集中精力学习，成绩直线下降。到初中三年级时，小安未能如愿进入重点班，小安认为这意味着上大学的希望已破灭，她悔恨地痛哭了一场。小安的父母此时没有安慰她，反而狠狠地骂了她一顿，让小安对家庭更加心灰意懒。她发现班上有个叫小波的同学，长得有点像刘德华，就不由得亦真亦幻地把他当做可以安慰自己的人，对他产生了好感，并很快与小波谈上了"恋爱"。

小安以同学的身份去过小波家几次。小波父母没多少文化，但挺有钱，家里装潢富丽，家用电器一应俱全。看到儿子把女朋友带回家，非常高兴，对她热情招待。那种家庭气氛让小安羡慕不已，于是她决定把自己的未来交给小波，两个少年就这样私定了终身。从此，小安更加无心学习，干脆向父母提出不上学了。直到这时，她的父母才意识到问题的严重性。

小安父母虽然平时时常吵架，但在对待小安的早恋问题上意见却出奇的一致。他们把小安叫到跟前，几句话没说完，父亲就气得用手狠狠地打了小安两记耳光。母亲在一旁边流泪边数落着，并做出决定：不允许她再与小波接触。从此，父亲每天接送小安上学、放学，像"影子"似地锁定了小安。

躁动的心是锁不住的。父母对她管得越紧，小安就越是想念和

小波在一起时的自由。父母对她越严厉，他就越怀念在小波家的"温馨"。为了获得两人在一起的时间，小安常以学校补课为由让父亲迟 1 小时来接。一天，当她和小波在霓虹灯下约会时，被无意中早到的父亲碰上。他怒冲冲地跳下车，当着小波的面，不由分说地扇了女儿两记耳光。这两巴掌彻底打碎了小安对父亲的爱，她觉得父亲是她的"克星"，想断送她的幸福和快乐，非除掉父亲不可。

经过密谋，小安和小波决定趁小安母亲上夜班时动手。那天晚上，当小安父亲散步回家开门时，藏在门后的小波手持尖刀冲上去就砍，小安父亲虽奋力反抗，但无济于事，终于被他们砍死了。

由于对女儿早恋采取粗暴的态度，终于引来了杀身之祸。这个教训难道不值得每一个早恋孩子的父母们深思吗？

第二，对孩子的早恋，更重要的在于预防。在这方面，哈佛女孩的母亲又给我们做出了榜样。她是怎样进行预防的呢？下面是她的叙述：

早恋现象在中学生里是比较常见的。在我写这段文字的时候，就有一位忧心忡忡的母亲，跟我有过一次电话长谈，她年仅12岁的女儿，正开始陷入早恋……

对中学生来说，早恋，就是希腊神话里的"潘多拉盒子"。谁要是打开了它，里面暗藏的各种灾祸就会纷纷飞出，对孩子的未来造成种种损害。不幸的是，即使是在管理最严格的中学里，早恋现象也时有发生。而且现在的中学校园，早恋现象比婷儿上初中的时候更为严重了。所以有必要帮孩子把这只"潘多拉盒子"锁紧。

婷儿考进外语学校不久，学校特地召开了一次初中一年级家长会。会上，经验丰富的陈主任给家长们打了一针预防针：

"……大家可以想一下，从初一到高三毕业，6年哟！这么长时间天天见面，男生女生，可能难免会产生一点感情。对有些娃娃来说，可能会发生早恋问题！"这话听得人心里"格登"一跳。

早恋，正是我们所警惕的大问题之一。我当年教过的学生中，有一个小女孩，眼睛亮亮的，非常聪明，可是到初中二年级，她开始接受了一个男生递来的条子，然后就是"情书"往来，继而又发展到在校外约会。她的成绩像坐滑梯似的，一垮到底。而且当局者迷，许多劝说，全不奏效。

为了预防婷儿陷入早恋，我们花了不少时间分析早恋发生的原因，以便能更有针对性地找出预防措施。

我们看到，早恋一般有三方面的原因：

首先，孩子生理和心理发育到一定程度，难免会对异性产生好感，继而产生某种感情。两千多年前，诗经上就说："窈窕淑女，君子好逑。"那是人的本性使然，有它的必然性和合理性。关键是孩子对内心萌发的情感采取什么态度。家长只要措施得当，就可能对孩子的态度产生积极的影响。

其次，不少影视文艺作品，流行歌曲，对早恋也起到了推波助澜的消极影响。

再次，同学中的消极影响，也不可低估。

当早恋成了孩子们眼中一道越来越常见的"风景线"，当孩子朝夕相处的好朋友，或者一向仰视着的尖子、"班花"、"帅哥"们居然也参加到早恋的行列中去了，对孩子心理上的冲击和诱惑，是相当可怕的。不是有句话叫"榜样的力量是无穷的"吗？这时，如果又冒出来一个还不让人讨厌的异性同学，又是递条子，又是送卡，上面抄着让孩子们怦然心动的一串串酸诗酸句，再配上仰慕的眼神、讨好的微笑和无穷多的小殷勤……孩子就此迅速缴械投降，那也是不奇怪的。

如果孩子已经陷入了早恋，劝他们回头就难了。容易奏效的办法，显然是"提前输入"。既然如此，我们决定开始给婷儿打"早恋预防针"。

早恋预防针之一：影视文艺作品，是生活的"哈哈镜"，只能作消遣，不能当成人生的教科书。

作为文学和艺术类杂志的编辑，我们有一个多数人没有的便利条件——我们非常了解各种明星和艺术作品的"生产过程"。

我们开始有计划地告诉婷儿，音乐影视作品和言情小说，对很多唱片公司影视公司和出版商来说，只是被看做生意而已。于是，公司包装明星，宣传明星，炒作明星，使明星们都能拥有大量的"歌迷"、"影迷"。他们的钱包，就是公司老板的财源。这些文艺商品有时引起的负面影响是相当大的。比如一群日本影迷组织了一个"成龙不嫁团"，甚至还有女影迷为成龙而自杀的……每当追星族发生了不幸的事件，明星们不仅毫发无损，还会引起新的轰动，好为公司赚到更多的利润。

此外，婷儿从小就见过许多名人，包括各式各样的"星"，这也有助于她更理性地看待"星"们的魅力。

在大量的事实铺垫下，婷儿渐渐形成了自己的观点——对流行歌曲，"可喜欢而不可入迷"，对歌中的寓意，头脑要保持清醒，不能糊里糊涂被牵着鼻子走。对言情小说，婷儿一开始就不感兴趣，对那些编造的风花雪月、缠绵悱恻，婷儿总是抱着一种嘲笑的态度。因为她从小就听惯了我们对言情小说的剖析。这也说明了耳濡目染、潜移默化的作用。

在这个基础上，我们帮婷儿总结出一个重要的结论，用红笔抄出，贴在墙上："影视文艺作品，是生活的'哈哈镜'，只能作消遣，不能当成人生的教科书。"这一条总结，对早恋的外在因素起到了"釜底抽薪"的作用，把大量不够好的影、视、书、刊、歌等不良影响挡在了门外，消除了很多有害的误导。

早恋预防针之二：恋爱游戏陷进去容易，可要想拔出来就没那么容易了。

一个周末，婷儿从学校回来，小嘴巴"哇啦哇啦"，又讲开了学校的轶闻趣事。

"你们知道吗？现在我们班有人提出来一个口号：早恋是有害的，所以呢，当然就不应该去做啦。但是可以做点恋爱的游戏，双方都不当真。这样既可以避免早恋的害处，又可以享受到恋爱的乐趣。你们说好不好笑？"

爸爸、妈妈都没有笑，心里多少有点发紧——等了这么久，早恋这只"九头怪兽"，是不是真的露头了？而且看来，这番歪理对婷儿并非没有吸引力。

那天，我们跟婷儿做了些分析：

——你们这位"游戏理论家"恐怕不知道，这种游戏陷进去容易，可要想拔出来就没那么容易了。或者是你不想玩了，让对方心生怨恨，轻者纠缠不休，重者杀人毁容，这样的案例报刊上时有所闻，谁能保证自己的游戏不会以这种悲惨的方式告终呢？或者是你还想继续，别人却不想玩了，失恋的滋味儿也是很痛苦的。你曾在上学的路上看到过几个蓬头垢面的"花疯子"，那都是因为恋爱游戏的对方考上了大学，自己考不上，结果失恋而疯的。

婷儿没想到游戏的后面，还有这么多麻烦的后果，于是判定："恋爱游戏"不是好玩的。

早恋预防针之三：既不要因为同学们乱起哄而弄假成真，也不要让别人因为错觉而抱幻想。

但是仍然有迹象显示，婷儿对这类事情的注意力有增无减。每次从学校回来，她的话题中，这类轶闻占的比例仍然不小。

不久，我们又听到了一些更具体的情况。班主任李老师告诉我们，婷儿在班上跟一个男生接近得有点多。这名男生在学校的女生中还小有名气。而且，对他和婷儿的接近，班上也有了一些起哄式的风言风语。

李老师说的情况，马上引起了我们的重视。我们分析的结果，认为婷儿肯定还不会到真正早恋的地步，这还只是男女生之间的一种好感，觉得在一起谈话新鲜有趣而已。此外，那位男生在女生里的"名气"也引起了婷儿的好奇心。

我们决定趁种子还没发芽，就把它消除掉。有一句古代格言，叫做"两叶不去，将用斧柯"，意思是说，解决问题在萌芽阶段要容易得多。于是，就由妈妈出面，在那个周末跟婷儿进行了长谈。跟女孩谈这些事，妈妈更为方便。

妈妈单刀直入，跟婷儿提出了老师和同学们的反映。妈妈首先肯定，这在现阶段还不算什么问题。但是，在少男少女中，有些早恋，就是因为同学们乱起哄，促成当事人弄假成真的，初中生因此而陷入早恋的不少。你要懂得这个常识，不仅自己不要弄假成真，还要避免给别人造成错觉，以免让别人心存幻想。

由于以前打过不少预防针，妈妈的态度又很客观，婷儿也心悦诚服。父母建议用"矫枉过正"的办法迅速解决问题。婷儿表示赞同。她立即开始疏远那位男生，两人之间曾经有过的嘻嘻哈哈的气氛不复存在了。同时，她在跟其他男生打交道时，也更注意分寸，学会了保持"等距离交往"。

早恋预防针之四：早恋必然会影响人生的奋斗目标。

早在婷儿上小学的时候，我们就有意地在她面前评论报刊、影视上的早恋现象，使她很早就留下"早恋不好"的印象。上中学之后，我们便正面给婷儿灌输早恋可能产生的种种恶果。

第一，早恋必然会影响人生的奋斗目标。事实上，确有一些中学生被幼稚的感情所困扰，错过了本来属于自己的机会，等到高考落榜，感情受伤，才看清自己损失有多大。

第二，早恋就像隔着口袋买蛋孵鸟，无法预测孵出来的是什么。这是因为中学生尚在非常不确定的人生阶段。他们的性格特征、道德面貌、社会生存能力、未来职业，全都难以预测。你以为孵的是天鹅蛋，结果拿出来一看，孵的却是鳄鱼蛋、乌鸦蛋。那时候，你怎么办？

第三，早恋极少有好结果。因为凡是以盲目迷恋开始的事物，必然是越清醒，就越看得清它的无价值之处，也就越会离它而去。再加上早恋妨碍了双方的学业，影响了双方在社会上生存的能力，将来就算不分手，也难免因为生活窘困而陷入"百事哀"的境地。一个愁云密布的家庭，还能谈得上什么幸福呢？

第四，早恋还可能包藏杀机。不信吗？东北就发生过一个真实的案例——有一位高中三年级的男生，成绩不太好。另一位成绩拔尖的女生，完全是出于好意，主动帮他辅导功课。没想到，这位男生却误以为女孩对他有爱意，陷入了单恋之中。女孩发现后，开始有意疏远这位男生。陷入单恋不能自拔的男生，认为是女孩变心爱上了另一位成绩优秀的男生。他决定以死来报复两个"仇人"。于是，在谁都没有想到的情况下，血淋淋的悲剧就当着全班同学的面发生了。那位"失恋"的男生拔出刀来，狠狠地刺向两个毫不知情的好学生，当场杀死了那位无辜的男生，好心的女生也被刺成了重伤。有些不理智的迷恋之情，就是这样包含着偏执、狭隘甚至凶残。这也是一个可怕的现象。

除了系统地跟婷儿谈话，平时我们还搜集了不少事例来加深婷儿的印象。事实证明，"提前输入"的对策十分有效。在整个中学阶段，婷儿都没有真正陷入过早恋的泥潭。她的身心得以健康成长，人生的目标没有受到影响。如果早恋已经发生，父母和子女之间，就很容易出现激烈的对抗，事情就远没有那么轻松了。

哈佛女孩刘亦婷的母亲在女儿早恋问题上打预防针的做法是非常明智的，有效的。如果每一个家长都能像她那样对自己的孩子在早恋时打预防针，那么，不少悲剧就可以避免。家长们，对孩子多花一点功夫吧，你的劳动一定会有好的回报的。

（六）孩子犯了罪怎么办

孩子犯了罪怎么办？

第一，不能包庇。不能因为是自己的儿子或女儿就包庇。如果包庇了，就会犯包庇罪，会受到法律的惩处。

请看下面的事例。

某公安局来了个自首投案的醉醺醺的青年，王科长和几个公安人员审讯了他。他自称李晓江，在某市机械厂办公室工作，因向纺织女工黄秋云求爱不成，昨晚一怒之下掐死了她，并将尸体抛入汉江大桥下……

此时，门忽然被推开，李晓江母亲进来了。她是地区专员的爱人。她微笑着走上前对王科长说："同志们，你们别信他胡说。他醉糊涂了！"接着向李晓江说："孩子，你没杀人呀，来自首干啥？你看，黄秋云不是好好的吗？"她向后一招手，果然，黄秋云进来了，微笑着看着他们。王科长和李晓江等全愣住了……

黄秋云没死，李晓江杀人罪名自然不能成立，他被放回去了。使李晓江奇怪的是，黄秋云一反过去冷若冰霜的态度，对他十分热情，两人很快进入热恋。一次，他有点不解地问她："你现在怎么又爱上了我？"黄秋云低着头，好久才说："因为你在梦中'杀死我'，我知道你对我一片真情……"她还告诉他，他母亲已把她从纺织厂调到地委当打字员了。

他们很快领了结婚证。结婚那天晚上，宾客盈门，十几桌丰盛的菜肴，酒席喷出诱人的香味，进进出出的人全是有身份的嘉宾。

突然，王科长和几个穿着警服的公安人员进来了，使许多宾客惊讶得目瞪口呆。王科长一步跨到新郎新娘身边，庄严宣布："李晓江，你犯了杀人罪，你被捕了！"又对新娘说："黄莲花，你犯了伪证罪，也被捕了。"说完，亮出了逮捕证。

喜筵顿时大乱。李晓江母亲气急败坏地扑过来："你凭什么胡说八道？"王科长冷冷地看着她："你也触犯了刑律，这是逮捕证！"

这究竟是怎么回事呢？

在庄严的审判庭里，王科长严肃地说："黄秋云确实是被李晓江谋杀的，她的尸体我们已找到了。这个'黄秋云'经我们调查，她名叫黄莲花，是黄秋云的孪生妹妹。李晓江害单相思的时候，他母亲急得不得了。一次，她下乡正好见到黄莲花。她了解了黄莲花的

身世后，就想让她当黄秋云的替身，以免孩子失恋痛苦。不料这时李晓江杀害了黄秋云，她为了救儿子的命，便引诱黄莲花来冒名顶替她姐姐。黄莲花经不起虚荣的引诱，最后终于同意了。"

"真是天方夜谭！你们有什么根据说她不是黄秋云？"李晓江母亲还在强辩。

"当然有！"王科长说，"那天我们就起了疑心，曾在你儿子和黄莲花逛公园的时候，组织黄秋云同班女工与他们'巧遇'，她对她们一个也不认识。我们又组织黄秋云的养父母走过她身边，她也不认识他们。试问，黄秋云会连自己的父母、同事都不认识吗？"驳得李晓江的母亲哑口无言。

李晓江母亲包庇李晓江多么巧妙，但纸总是包不住火的，李晓江母亲因此也被判了刑。由此看来，包庇犯有罪行的子女，对子女对自己都没有好处。只有不包庇子女，老老实实地送犯罪子女去投案自首，才是遵法守法。

第二，对犯罪的子女应该热情帮助，特别是当他们刑满释放回来以后，不能冷潮热讽，或冷淡他们，要积极地帮助他们解决困难，特别是就业问题，使他们能够重新做人。

在这方面，天津河西区思德里居委会主任孔大娘为我们做出了榜样，每一个为人父母者都应向她学习。

孔大娘是怎样帮助劳改释放人员的呢？

孔大娘今年65岁了，她是天津河西区越秀路思德里居委会主任兼调委会主任。十几年前孔大娘自己掏腰包，带领居委会几个人干实体，风里来雨里去，摸爬滚打，卖百货，搞制冷，开服装厂，一点一滴地积累，一分钱掰成两半花，滚雪球似地最终发展成一个拥有资产200多万元的集体企业。

居委会有了钱，干啥用？孔大娘肯花钱用在心灵受过伤害的人身上……

从大西北刚释放不久的陈新生，一无户口，二无工作，恰逢此时其父病故，面对老人无法安葬的局面，他急得团团转，不知如何是好。孔大娘知道了这件事，就和居委会成员研究，居委会决定出钱出力帮助陈家料理老人后事。就在陈新生走投无路胡思乱想的时候，孔大娘带领居委会全班人马来到陈家，送上600元钱作为安葬死者的费用，并和陈新生一块给死者买寿衣，大伙儿不怕脏，不怕难闻的气味，帮着给死者穿寿衣，直到把死者抬上火化车。

陈新生感动得直哭，哭得竟像个孩子。他当着大家的面表示："我一定痛改前非，重新做人，不然就不是人！"

现年37岁的李自强，3年劳教回来后，因其幼年失去父母，只有一个姐姐也已出嫁，生活无着落。就在他生活陷入困境、处于迷茫状态的时候，孔大娘和居委会的同志们找到了他，送给他500元钱，让他做小生意自谋生路，并教育他要好好做人，走自食其力的道路。

后来，李自强经人介绍交了女朋友，在筹备婚礼时，由于家庭收入少，底子薄，遇到了困难。孔大娘了解到这个情况后，认为李自强这么大年龄了，好不容易找了个对象，要帮他解决困难，成全这个家。于是孔大娘就组织居委会给他添置全新的被褥，购买了部分生活用品，还亲自为他操办婚事。结婚那天，李自强眼含激动的泪花对孔大娘说："您放心，我永远不会走那条路了，我要好好往前奔，我再犯错误就对不起您老人家！"

当有人问孔大娘为什么把自己辛辛苦苦挣来的钱，动辄 500 元、600 元用在"这些人"身上时，孔大娘语重心长地说："我带领大家办企业，不是为了个人发财，只图让大伙儿生活过得好些，'这些人'出来后生活无着落，游游荡荡的，很容易让坏人拉过去，咱们帮他们一把，让他们走正道，这钱花得值呀！"

为了帮助教育好这些昔日的浪子，孔大娘和居委会想尽了办法，建立帮教小组，结成帮教对子，建立帮教登记卡片，将帮教双方的基本情况登记造册，以便管理和教育。她还组成了以街道、派出所、楼栋长为渠道的信息沟通网络，做到了帮教对象情况明、底细清、及时帮教，因人施教，化消极因素为积极因素。

去年，有一名刑满释放不久的青年，对自己过去的犯罪历史不能正确地认识，对政府的处理怀有不满情绪。在街道里、居民中要横犯浑，不讲道理，还违反居委会关于不准在楼群中乱放车辆的规定，影响了小区容貌。帮教小组人员几次上门找他谈话，可他就是不听，时不时地还扬言："谁来了我也不怕，就是叫派出所来也别想把我怎么样。"气焰十分嚣张，影响也很不好。居委会有的人就说："让派出所民警来教育教育他，别让这小子太狂了！"孔大娘说："对这样的人，我们更要讲究工作方法，要有耐心，不要顶着干，如果把矛盾激化了，只能促使他犯错误，咱们要把他当做自己的孩子来看待，不让他再进去。"于是，孔大娘找到一位在小青年中有威信的居民，一起从不同的角度做他的工作，终于使他改变了过去的错误做法，并心悦诚服地对孔大娘说："孔姨，我真服您！"

孔大娘他们还把工作延伸到"大墙之内"。从 1990 年开始，每年三大节（"五一"、国庆、春节），孔大娘亲自带队去监狱、劳教所探视，帮教本居委会片内的在押在教人员，并为每人带上一份学习的书籍、生活用品及 100 元钱，教育他们努力学习，好好改造，脱胎换骨，弃旧图新，走向新生。望着孔大娘为思德里这一方土地操劳奔波和她脸上布满的皱纹及满头的灰发，这些浪子忏悔过去，决心以新的姿态面对人生。

几年来，片内刑释解教的 18 名人员中，无一人重新犯罪。十几年来，居委会还在自办的企业中"过渡性"安置了刑释解教人员 170 余名。对那些想自谋职业的，积极扶持、帮助，有的遇到困难，就给予一次性补助 500 元，为其做小生意有本钱，使他们每个人都有生活的出路。

辖区内小学生叶薇不幸身患重病，家庭生活困难，父母单位不景气，无钱医治，生命垂危。就在这危难的时候，张明礼、童立志等原先犯过罪的青年，响应居委会号召，主动捐款，有的出 400 元，有的出 100 元，送给小叶薇治病。当孔大娘问他们为什么这样做时，张明礼的回答表达了他们的心声，他说："过去，我们刚回来时生活上遇到不少困难，居委会对我们不另眼看待，给了许多帮助。我们的心也是肉长的，哪能没点想法？过去没钱，想做点好事也做不起；现在我们自食其力做生意挣了点钱，生活富裕了，用来帮助急需用钱的困难户，也算是对社会的回报吧。"

（七）孩子摆阔怎么办

在学校里，孩子摆阔的现象比较严重。请看下面一位家长的叙述：

儿子上初中二年级了，一个偶然的机会，我在他的书包里发现了一盒名片，不禁吃了一惊，仔细端详，上面印了这样四行小字：

市供电局老局长（现任巡视员）的长孙

市文化局办公室主任的儿子

市教育局普教科长的侄儿

市交警大队二中队队长的外甥

四个头衔下面，印有"姜聪聪"三个黑体字。底线上，家庭住址、邮编、电话一应俱全。

看着这彩印金边、制作精美的名片，我的心情沉重起来。14 岁的儿子如此炫耀，如何得了！回想起来，儿子的摆阔在小学五年级时就露出了苗头。那时候，几块钱一只的电子表没戴几天就扔了，嚷着要上海表、北京表；同学过生日，找他妈妈要钱送礼，开口就是 50 元、100 元。一次，我拿出一支崭新的钢笔说，这是我评先进得的奖品，你拿去用吧。儿子瞥了一眼，竟用嘲笑的口吻说："得了吧，你不怕丢人，我可替你难为情！"上初中一年级后，儿子要玩照相机，一次学校组织学生去春游，把上千元的照相机弄丢了，回家竟轻描淡写地说："下次带叔叔的那部新照相机去！"新学期学校发了校服，儿子很讨厌，他对妈妈说："书本上说穿着打扮，仪表风度是人的综合素质之一，我们从小就只会穿校服，对时尚、格调一无所知，将来怎么会穿着得体、风度翩翩地走向社会呢……"

在我沉思的当儿，儿子回来了。说是难得放假，玩了一下午球。我问："打篮球？"他撇撇嘴："玩那破球多没风度，现在时兴玩保龄球，有派头！"

我气不打一处来："你小小年纪摆什么阔，讲什么派？我像你这么大的时候……"儿子接住话头抢白道："不外是做小工、捡煤渣吧？我将来要挣大钱、做大官、当大老板！"

诚然，一代人有一代人的性格特征与精神追求，儿子有这种摆阔的心理离不开社会这个大环境。但我总是忧心忡忡，像儿子这种连早晨起床都要"闹钟"、"门铃"、"人呼"几种"武器"轮番上阵方能奏效的孩子，将来真能"挣大钱"、"做大官"、"当大老板"吗？我希望大家帮我弄明白这个问题。

这位家长暴露出来的摆阔现象确实使人吃惊。孩子的摆阔仅仅是这些吗？不，远远不止。在校园里比较严重的是人情债问题。小学生过节要送贺卡，中学生过节要送礼物，过生日要请要好的同学和班干部到酒店吃一顿，这使一些涉世不深的孩子们过早背上了"人情债"。

有位记者调查采访了济南市3所中学和3所小学的55名中小学生，有45名学生承认，在过节、过生日或提拔当"官"（班干部）时，收到或送出过礼物，礼物有手表、化妆品、首饰、艺术画、游戏机等，应有尽有。有一名初中二年级学生，一年收到的礼物就装了满满的两个纸箱。有20名学生过生日时请过客，其中10名学生在酒店包间过生日、玩网吧、唱卡拉OK。这笔开支平均每个学生220元，最多的一位同学支出1800元。

有位初中二年级的学生说，他过生日时，32名同学给他送了礼物，他只好缠着收入不高的爸爸在酒店订个单间，请9名要好的同学吃一顿。他说，别人过生日请过我，我过生日不请人家，同学会说我小气，看不起我。

这又是摆阔气的表现吧！孩子没有经济来源，过早地涉足请客送礼，吃吃喝喝，对学生的人生观和身心健康都不利。这种现象再也不能继续下去了，要还孩子一个纯真无邪的童年和少年。

怎样才能解决孩子摆阔气的问题呢？

第一，对家庭经济条件比较优越的家长来说，应该善用财富，不能无节制地供给孩子浪费挥霍。否则不仅造成孩子的摆阔，更是害了孩子。江苏省少管所教育改管科科长施长垠说，少年犯中80％以上都是侵财型犯罪，其中不少少年犯的家庭经济条件非常优越，吃用无忧，却仍然为钱走入歧途。家长在孩子的成长过程中忽视品德教育，一味滥用财富是一个重要原因。

来自张家港的一个年仅17岁的少年犯，父亲是建筑公司老板，家财万贯。从初中一年级开始，这个孩子就迷上了泡网吧，随后又热衷于和网上结识的 4 位女性发生性关系，一直到高中一年级案发。4 年时间仅此一项就花了父母十五六万元巨资。他父母平时忙于挣钱，教育孩子只看成绩报告单，只要成绩好，要钱有求必应。沉溺在"网恋"中的儿子摸准了父母的特点，虽然学业一落千丈，但他找到网吧老板替自己打印了一份"成绩单"，父母被蒙在鼓里。随着花钱越来越多，他已不满足向父母要钱，开始自己行窃搞钱。可叹的是，他母亲获悉儿子行窃的丑行后，生平第一次将儿子狠揍了一顿，下决心带儿子去自首。但走到半路，这位母亲的心又软了，心存侥幸指望儿子从此悬崖勒马。逃脱了法律制裁的孩子带着钱跑到了外地，重操旧业，最终因抢劫、盗窃被判 9 年徒刑。

这都是父母滥用财富，纵容孩子的结果。一些家庭经济条件较好的父母都应以此为戒。

第二，对家庭经济不算富裕的家庭，要把家中的实际情况，如实地告诉孩子，使孩子杜绝浪费。不少经济状况一般的家庭，父母将家庭困难当成是一桩"罪过"，自己省吃俭用来满足孩子的物质需求，为孩子营造了一种虚假的"幸福"，反而造成孩子虚荣心的无限膨胀。现在的孩子太需要生活在"真实"之中了。

南京玄武区法院最近审理了一起盗窃摩托车案，犯罪嫌疑人是一名 16 岁的男孩。这个孩子家境一般，平时各方面的表现都不错，父母也因此对他有求必应，养成了他想要什么就能得到什么的习惯。孩子考上中专后，向父母提出要买一辆摩托车，父母考虑到这笔开支实在是超出了家里的经济能力，拒绝了他。丧失了理智的虚荣心让孩子因此走上了犯罪道路，他一个月内连盗 3 辆摩托车。更令人震惊的是，他在案发后仍然抱怨，如果当初父母满足了他的要求，他就不会走到今天。被判缓刑后，少年法庭找来他的父母，要求他们一定要将家庭经济的真实状况如实告诉孩子，并拿出一个月的生活费，让孩子来当家。一个月过去了，第一次尝到了生活甘苦的孩子主动提出要求，出去打工。在一家汽修厂，孩子每天要工作10多个小时，薪水也不高，他在思想汇报中写道："直到今天，我才知道挣钱不容易，才知道爸爸、妈妈有多么辛苦。"少年法庭庭长告诫家长：家庭经济困难并不可耻，应该从此激励孩子通过自身的努力来改变命运，这才是对孩子最好的支持。

第三，要加强对孩子进行勤俭节约的教育。这是防止孩子摆阔的重要方法。而且，父母的身教更要重于言教。

请看下面事例。

中学生国际信息学金牌得主李申杰从匈牙利载誉归来，在外面参加了大大小小、热热闹闹的庆功会，而他的家里平静如常——父母没有给他什么物质奖励。

多年前李申杰的母亲就给一家三口定下任务：爸爸开好车，妈妈上好班、做好家务，申杰把学习搞好。所以申杰从小就养成了自己的事应该自己做好的习惯。懂事的申杰从不向父母提出任何非分的物质要求，每月零花钱他也从不乱花，攒到一起，学校要交一些费用时就可以不向家里要了。实在不够，他总会先问妈妈，家里有没有钱，每每遇此，申杰的母亲都含着眼泪说："杰杰，以后别这样问，你问得妈妈心酸，只要你好好学习，妈借钱也愿意。"

她还时常对申杰说："妈妈不和别人的妈妈比，我不要金项链、金戒指，我只要我儿子有出息。我现在吃的苦比当年在农村插队时少多了，只要你好好学习，妈再苦也没什么。"

在父母的言传身教下，李申杰养成了勤俭节约的好习惯。每次春游、秋游，母亲总想给他买点饮料什么的，可申杰却说："白开水最好，又能解渴又能洗手。"今年被选入国家集训队去北京集训前，妈妈要给他买套新衣服，申杰坚决不要："去比赛又不是去比哪个穿得好。"孩子越懂事，做妈的心里越不好受，申杰的母亲常说："杰杰，你生在我们这个家真是亏了你了，和别人家的孩子相比，在物质上家里给你的真是太少了！""那不一定，我如果生在条件好的家庭还不一定能成才呢！"

俗话说，家贫出孝子。李申杰对这个清贫的家有着更多的依恋。当申杰载誉归来时，清华大学许诺，申杰高中毕业后可以免试入学，这是多少少年梦寐以求的事呀！可申杰却说："如果能在南京上大学更好，我不想离开家。"

像这样懂事、勤俭节约的孩子，都是父母教育的结果。所以，要使孩子去掉摆阔气的毛病，父母对孩子只有加强教育。

（八）孩子说谎怎么办

第一，发现孩子说谎不能打骂，因为越是打骂孩子越说谎。

请看下面一位家长的叙述：

记得有一次，儿子也是为了不做作业而撒谎，我火冒三丈地一巴掌打过去，这时他爸爸走过来，我就如实地把这件事说了。他爸爸一怒之下，拿起皮带就抽，孩子往我身后躲，他是多么地希望那往日充满温情的妈妈能在此刻再施舍一点爱，能在这危难之际为他挡一挡这无情的皮鞭……可我不但不制止，还一个劲地咬牙切齿地助威："打、打！"等到邻居们上来拉时，孩子嘴里只是喃喃道："我是坏人，你们把我打死算了，这样也省得你们为我烦心了，死了也好，一了百了……"望着孩子目光呆滞的样子，我的心碎了，我不敢相信这就是曾经给我带来无数美好憧憬的天真可爱的独生子，他怎么变成了眼前的模样？

第二天，奶奶发现他那浑身累累的伤痕时，他却又一次说谎："这是我不小心撞在厨柜上。"听到这话，我知道儿子是在为我们开脱,因为他知道如实说了,家中或许又会发生战争,多善良的儿子!

说真的,每次打过儿子后,我都非常后悔,看着他熟睡的面庞,再掀开他的衣服,那青一块,紫一块的伤痕,我总是止不住潜然泪下。可是,我又无法改变这样的现状,每天都重复着昨天悲惨的故事,我真的感到度日如年。

这个实例充分说明,用打骂的方法对待说谎的孩子是没有什么效果的。每一个家长都要从这个事例中吸取教训。

第二，要求孩子不说谎，家长首先要检查自己的言行是不是有误导孩子说谎的可能性。如果一方面要求孩子不说谎，而另一方面自己的言行却在教孩子说谎，那么孩子是不可能不说谎的。

再看下面一个广为流传的故事。

美国一位著名心理学家为了研究父母对一个人一生的影响，在全美选出 50 位成功人士，他们都在各自的行业中获得了卓越的成就；同时又选出 50 名有犯罪记录的人，分别去信给他们，请他们谈谈父母对他们的影响。有两封回信给那位心理学家印象最深。一封来自白宫的一位著名人士，一封来自监狱的一名服刑的犯人。他们谈的都是同一件事：小时候母亲给他们分苹果。

那名来自监狱的犯人在信中这样写道：

小时候，有一天妈妈拿来几个苹果，红红绿绿，大小都不一样。我一眼就看见中间的一个又红又大，十分喜欢，非常想要。这时，妈妈把苹果放在桌子上，问我和弟弟："你们想要哪一个？"我刚想说要最大最红的一个，这时弟弟抢先说出我想说的话。妈妈听了，瞪了他一眼，责备他说："好孩子要学会把好东西让给别人，不能总想着自己。"

于是，我灵机一动，改口说："妈妈，我想要那个最小的，把大的留给弟弟吧。"

妈妈听了，非常高兴，在我的脸上亲了一下，并把那个又红又大的苹果奖励给我。我得到了我想要的东西，从此，我学会了说谎。以后，我又学会了打架、偷、抢。为了得到想要的东西，我不择手段。直到现在，我被送进了监狱。

那位来自白宫的著名人士是这样写的：

小时候，有一天妈妈拿来几个苹果，红红绿绿，大小都不一样。我和弟弟都争着要大的，妈妈把那最大最红的苹果举在手中，对我们说："这个苹果最红最大最好吃，谁都想得到它。现在，我们来进行比赛，我把门前的草坪分成三块，咱们三个人一人一块，负责修剪好，谁干得最快最好，谁就有权得到它!"

我们三个人比赛除草，结果，我得到了那个最大最红的苹果。

我非常感谢母亲，她让我明白了一个最简单也最重要的道理：要想得到最好的，就必须努力争取。她一直都是这样教育我们的。在我们家里，你想要什么好东西，要通过比赛，这很公平。

父母是孩子的第一任老师，上面第一位母亲对孩子起了误导的作用，由此种下了说谎的祸根，使这个孩子以后成了罪犯。所以，做父母者要求孩子不说谎，自己要慎重地注意自己的言行，切不可对孩子起误导的作用。

第三，对孩子的说谎，要明确表示自己的态度，不能听之任之，更不能呵斥与打骂。

有一位父亲就谈了这方面的体会：每周六我才能回家与家人相聚。周日早晨，我在卫生间洗衣服，女儿一人在厨房吃饭。我问她："庆庆，吃完了吗"? 女儿回答："没呢。"片刻，我又问："吃完了没有?"她回答："吃完了。"我心里很高兴。我就告诉女儿："出去玩吧。"女儿爽快地应声出去了。

等我忙完后去厨房，却发现女儿的饭还在那儿放着。我非常吃惊，女儿说谎了。还不到 3 岁的小孩就会说谎? 不可理解。

妻子回来后，我把此事告诉她，她也惊奇。

又到了星期天，吃饭的时候，我给她盛好饭，女儿皱着眉头，表示出极不想吃的样子，我没在意。刚吃了几口饭，女儿就"哎哟"起来了。我忙问："咋啦，庆庆?"女儿显得痛苦不堪，说肚子疼。我忙让她如厕去了。过了片刻，我朝卫生间喊："还疼吗?""还疼。"女儿在卫生间应声。再过一会儿，我把此事给忘了，叫她时，她在房间里玩呢。我进去催她，快吃饭呀。她又皱着眉头说，肚子还疼，不想吃，我就没再理她。我把这件事又告诉妻子，妻子说这是变着法儿说谎。怎么办呢？于是我找女儿谈话，告诉她爸爸不喜欢你这样说谎。从此以后，女儿就再也没有发生这种事。

以上事例说明，当孩子说谎时，父母应该表明自己的态度，不能听之任之。如父母听之任之，孩子还以为她的说谎是正确的呢！说谎不是小事，只有发现了加以教育，才有可能纠正。当然，在教育时不能斥责或打骂。

（九）孩子骄傲自满怎么办

当孩子表现出骄傲自满时，家长应及时提醒和纠正。纠正的方法是：

第一，当孩子骄傲自满情绪一露头，就应立即加以教育，否则，不能等问题严重了再加以教育，那时就已经晚了。

一家出了3位留美博士的父亲（一位小学教师）曹锡人说：

我最小的孩子曹辉宁生逢其时，他初露锋芒的时候，正是改革开放的年代。自从他参加全县初中数学竞赛得了第一名后，他就得到了社会的重视，县文教局破格将他从实力初中班选拔到市一中高中一年级，指派名师专门对他加以指导。在集训班还请了盐城师专的数学教授陶华专门为其辅导。一次，陶教授在讲解析几何的一道难题时，辉宁自信地举起手说："老师，我的方法比你的还简洁。"他得到老师的允许后就走到黑板前做了起来，当他解完这道题的时候，陶教授当即鼓掌表扬了他。这下他可翘起了尾巴，举起双手高声说："我胜利了，我成功了！"班主任丁连根老师目睹这一情景很不安，就托人带口信给我，我立即去训练班，语重心长地对他说："你之所以能有今天，全是老师精心培育的结果，你怎么能骄傲轻狂呢？"在批评的同时，我先肯定他敢于竞争的长处，然后让他向老师赔礼道歉。

曹辉宁 12 岁免试录入科技大学少年班之后，翘尾巴的毛病又犯了起来。他喜欢的课就听，不喜欢听的课，上课时就看自己的书，我知道这种情况后，立即写信给他进行教育。在信中，我转述了王安石青年时期写的《伤仲永》的故事，使他懂得：光聪明，不勤奋，终究会变成庸才。信中还附了一首我写的诗，以激励其勤奋努力，奋发向上！诗文是这样的：

> 虚怀若谷戒骄傲，
>
> 敬重他人为荣耀；
>
> 诚实为本勿轻狂，
>
> 千锤百炼方成钢。

他读后深有启发，立刻写信给我，表示决心反省自己，割掉自由散漫尾巴，勤奋学习，回信中也写了一首诗，以示改正的决心：

> 吾读父亲诗，
>
> 体会分外深。
>
> 不做散漫者，
>
> 誓作勤奋人。

期末的时候，他的班主任朱源老师来信向我报喜，说他很勤奋，进步很快，还当上了数学科代表。《安徽画报》还刊登了他和美国华人科学家丁肇中在一起的合影。但就是这样，我也没有放松对其进行教育。

总之，在孩子一有骄傲自满的苗头时，就应立即进行教育，这是克服孩子骄傲自满的一个好方法。

第二，不要轻易地表扬孩子。

《卡尔·威特的教育》这本写于 1818 年的书，是世界上论述早期教育的最早文献。卡尔·威特生下来时是一个白痴，但他的父亲

采用一种与众不同的教育方法来培养威特，威特 8 岁时就能够自由掌握德语、法语、意大利语、英语、拉丁语和希腊语 6 种语言，并且通晓动物学、植物学、物理学、化学，尤其是擅长数学。9 岁时，卡尔·威特考入德国莱比大学。未满 14 岁时，他被授予哲学博士学位。16 岁时卡尔·威特又获得法学博士学位，并被任命为柏林大学的法学教授。

对于这样一位天才，他父亲老威特禁止任何人表扬他的儿子，生怕孩子滋长骄傲自满情绪，从而毁了他的一生。

在《卡尔·威特的教育》一书中，他这样写道：

有一次哈雷的宗教事务委员塞恩福博士对我说："你的儿子骄傲

吧？"我说："不，我儿子一点儿也不骄傲。"这时他一口咬定说："这不可能，像那样的神童如果不骄傲，那你儿子就不是人。一定骄傲，骄傲这是很自然的。"

事后，我让他看看儿子。他们谈了很多话，一会儿就完全了解我儿子了。塞恩福博士对我说："我实在佩服，你儿子一点儿也不骄傲。你是怎样教育他的呢？"我让儿子站起来，让他把我教育的方法讲给塞恩福博士听。听后他服气了，说："的确，如果实行这样的教育，孩子就不可能骄傲，真是佩服。"

还有一次，有个地方的督学官到格廷根的亲戚家串门。他在来格廷根之前，就已经从报上和人们的传说中知道了我儿子的事。到了亲戚家后知道得更详细了。因为他的亲戚与我们来往密切，非常了解我儿子的情况。他想考考我的儿子。为了得到这一机会，就拜托他的亲戚请我们父子去。

我接受了邀请，带着儿子去了。他向我提出要考考我儿子的要求。按照惯例，我也要求他答应我的条件，即"不管考得怎样，绝不要表扬我儿子"。据说他擅长数学，所以他提出主要想考考数学。我回答说："只要不表扬，考什么都没有关系。"商量妥当后，就把特意打发出去的儿子叫进来，考试就开始了。他先从世故人情考起，然后进入学问领域。威特的每个回答都使他感到十分满意。最后开始了他所擅长的数学考试。由于我儿子也擅长数学，所以越考越使他感到惊异。每一题我儿子都能用两种、三种解法去完成，也能按他的要求去解题。这样他就不由自主地赞扬威特了。我赶紧给他递眼色，他这才住了口。

由于他们两人都擅长数学，考着考着就进入了学问的深层，并最终走到督学官所不知的地方。这时，他不由自主地叫了起来："唉呀！真是超过了我的学者！"

我想这下坏了，立即给他泼冷水："哪里，哪里，由于这半年儿子在学校里听数学课，所以还记得。"督学官还不死心，又对我儿子说："你再考虑考虑这道题，这道题欧拉先生考虑了三天才好不容易做出来。如果你能做出来，那就更了不起了。"

听了这话我担心起来。我并不是怕儿子做不了那么难的题，而是担心如果儿子真的把那道题做了出来，并因此骄傲起来。但我又不好说"请不要做那道题了"。因为他不太了解我们，怕引起他的误解，以为我害怕儿子做不出那道题才这样说的。我只好故作镇静地看着。那道题是一个农夫想把一块地分给三个儿子。分法是要把地分成三等份，而且每个部分要与整块地形相似。他把问题说明后，就问我儿子有没有听说过，或者是在书上看到过这个题，儿子说没有。他说："那么给你时间，你做做看。"说完就拉着我的手退到房间里，对我说："你儿子再聪明，那道题也很难做出来，我是为了让你儿子知道世界上还有这样的难题才出的。"

可是，督学官的话音刚落，就听儿子喊道："做出来了。""不可能。"督学官说着就走了过去。儿子向他解释说："三个部分是相等的，而且每个部分都与整块地形相似，对吗？"

这时督学官有些不高兴地说："你事先知道这道题吧。"儿子一听就感到很委屈，含着眼泪反复声明说："不知道，不知道。"

看到这种情形，我再也不能沉默了，担保说："因为儿子做的事，我全都清楚。这个问题的确是第一次遇到，更何况儿子是从不撒谎的。"这时督学官说："那么你的儿子胜过欧拉这个大数学家了。"我捏了一下他的手，立即说："瞎鸟有时也能捡到豆，这也是偶然的。"

督学官这才领会到我的意图，点着头说："是的，是的。"然后就附耳小声地对我说："唉呀！我真佩服你的教育方法。这样的教育，不管你儿子有多大的学问也绝不会骄傲。"儿子也很快同其他人高兴地谈起别的事，这一切也使督学官十分喜欢。

上述如此的天才，他的父亲尚且不给予表扬，何况一般平庸的孩子呢？本来并没有什么，而要一味表扬，那不是害了孩子吗？

（十）孩子没有忍耐力怎么办

孩子缺乏忍耐力表现在：做事没有耐心，遇到困难就不愿再坚持下去。这对孩子将来事业的成功有很大影响，应该予以重视。

怎样培养孩子的忍耐力呢？根据一些成功的家教经验，主要要注意以下两点：

第一，要事事处处注意孩子的吃苦精神，有了较强的吃苦精神，孩子的忍耐力就会大大加强。

中央电视台《半边天》栏目曾把当时 10 岁的孩子马宇歌请到演播室，成为该节目有史以来最小的嘉宾。马宇歌 9 岁起就担任了中央电视台大风车节目的小记者，还兼任 16 家媒体的特约记者，《人民日报》等报刊都发表过她的作品。

这位北京市广平小学六年级学生，不仅在校外做了不少事，在校内也是品学兼优的三好学生。她的爸爸、妈妈是怎样培养她的呢？请看下面事例。

宇歌 4 岁学骑自行车，刚学会骑车，父亲就带着她骑车到离家40 多千米的大兴郊区，返回时宇歌实在是骑不动了，他父亲马弘毅就用绳系着小车车头，让自己的大车牵引着小车，父女俩一起"骑"车回家。宇歌家离学校有 5 站路，为了培养宇歌吃苦耐劳的精神，锻炼出一副好身体，每天上学都是父亲在前面骑着车，宇歌在后面跟着车跑。为了增长女儿的见识，父亲去外地都尽可能带上宇歌，别看宇歌年龄不大，她已随父亲跑了大半个中国。

宇歌 3 岁时，爸爸、妈妈带她去看电影，放映中突然出现断片，电影院内立刻变得一片嘈杂。爸爸说："宇歌，到台上去给大家鞠个躬，再为大家表演你在幼儿园里学的舞蹈'小鸭子'吧。"妈妈说："别丢人了！"爸爸却很坚持。宇歌摇摇晃晃地上了台，嘈杂的电影场一下安静了下来，人们不知发生了什么事。直到宇歌很有礼貌地为大家表演完节目后，人们才从惊讶到佩服，整个电影院响起了热烈的掌声。

宇歌的父亲就是这样事事处处培养孩子的吃苦精神和勇敢精神的。这也是宇歌当年考中央电视台小记者时在 500 名考生中年龄最小却考分第一的原因。

马弘毅说，小宇歌和所有孩子一样，原先只是一张白纸，她的好品质是一点一滴积累起来的。父亲只是起了个启发熏陶的作用。

有记者问，人家孩子的父母都在督促孩子学琴学画、帮孩子改作业，你却在教孩子吃苦、助人、服务社会，这是为什么呢？

宇歌的父亲说，未来社会需要的是具有强烈的社会责任感，具备合作精神，敢于开创、自立、自强的高素质人才。所以，培养孩子一定要立足于社会，这是为人父母者不可推卸的社会责任。

第二，要培养孩子的忍耐力，如果能想出一些有趣的事来锻炼孩子，那效果将会更好。哈佛女孩刘亦婷的继父及妈妈就是这样做的，把枯燥的培养变成有趣的娱乐，效果果然不错。

张欣武很早就预见到，如果想让婷儿长大成为一个有出息的人，她必须具有一般人所没有的强大的承受能力，以便有朝一日能面对巨大的心理压力和身体承受极限的考验。这种承受力虽然用在将来，但是必须从小培养。

婷儿10岁时，张欣武开始正式实施这个培养计划。为了提高婷儿的心理和生理承受能力，他在四年级下学期的暑假里给婷儿设计了一次奇特的"忍耐力训练"：捏冰一刻钟。婷儿当时捏的，是在冰箱里特意冻得结结实实的一大块冰。

有位大学生告诉我，婷儿考上哈佛的消息和特稿见报后，好几个大学生好奇地想试一试捏冰的滋味，但没有一个人能坚持捏一刻钟。那么，感觉灵敏的婷儿又是怎样挺过常人难以忍耐的"折磨"的呢？还是听她自己说吧：

1991年8月9日（10岁时）

和爸爸打赌

嘿！告诉你吧，昨天晚上，我和爸爸打了一个赌，结果呀，嘿，我赢了一本书呢！

事情是这样的，晚上，爸爸从冰箱里取出一块冰，这块冰比一个一号电池还大呢。爸爸说："婷婷，你能把这块冰捏到15分钟吗，你捏到了，我就给你买一本书。"我说："怎么不行，我们来打个赌吧！如果我捏到了15分钟，那你就得给我买书哦。"爸爸满口答应了。

爸爸拿着秒表，喊了一声："预备，起！"我就把冰往手里一放，开始捏冰了。第1分钟，感觉还可以，第2分钟，就觉得刺骨的疼痛，我急忙拿起一个药瓶看上面的说明，转移我的注意力。到了第3分钟，骨头疼得钻心，像有千万根冰针在上面跳舞似的，我就用大声读说明的方法来克服。到了第4分钟，让我感到骨头都要被冰冻僵、冻裂了，这时我使劲咬住嘴唇，让痛感转移到嘴上去，心里想着：忍住，忍住。第5分钟，我的手变青了，也不那么痛了。到第6分钟，手只有一点儿痛了，而且稍微有点儿麻。第7分钟，手不痛了，只觉得冰冰的，有些麻木。第8分钟，我的手就完全麻木了……当爸爸跟我说"15分了！"的时候，我高兴得跳着欢呼起来："万岁，万岁，我赢了，我赢了！"可我的手，却变成了紫红色，摸什么都觉得很烫。爸爸急忙打开自来水管给我冲手。我一边冲，一边对爸爸说："爸爸你真倒霉啊！"爸爸却说："我一点儿也不倒霉，你有这么强的意志力，我们只有高兴的份儿。"

这，就是我赢书的经过，你看，多不容易呀！

1992年3月4～6日（11岁时）

和妈妈打赌

今天中午，我和妈妈一起练踮脚尖儿玩。我想起3岁时，妈妈带我去看了一场美国芭蕾片《转折点》，当时我便迷上了芭蕾舞。回家后，我非要妈妈送我去学芭蕾舞，如果妈妈不同意，我就不睡觉。妈妈说："练芭蕾非常苦，你肯定不行。"我还是坚持要学。妈妈笑了笑说："如果你能扶着栏杆，踮起脚跟做15分钟的'金鸡独立'我就同意你学芭蕾。"我劲头十足地摆好姿势站了起来。谁知才站5分钟就败下阵来。7年后的今天想起这事儿，真是觉得有趣。我把想到的告诉妈妈，两人都笑了起来。

虽然现在我不再想学芭蕾舞了，但对上次的失败还是有点儿不甘心。于是，我对妈妈说："我们现在再来赌，就是站半个小时，我也行。""好啊。"妈妈也蛮有兴趣地说,"要是你做到了,我就让你挑一样我买得起的东西奖给你。"听了妈妈的话,我大喜过望,马上扶着书柜,做起了"金鸡独立"。妈妈说:"算了,这是不可能做到的,除非你是舞蹈家杨丽萍。你还是用两只脚踮着站半个小时算了。"我马上改变了姿势说:"那更好办了。"话虽这样说,我心里却没有底,毕竟我从来没试过呀!于是我忍不住说:"妈妈,如果我的自我暗示力真有你说的那么强的话,那我一定会赢。"妈妈听了,说:"意念力再强,肌肉本身的持久力却没法改变。"妈妈的话不仅没有使我动摇,反而更加坚定了我的决心。

妈妈认为我肯定坚持不了,还把爸爸叫来看笑话,让爸爸说谁会赢。爸爸笑了笑,说:"我看这回妈妈会赢。"我在心里笑了一下,说:"别忘了,像这样的事你们已经输过两次了,第1次我做了一个姿势,你们和我赌能不能站半个小时,我赢了吧;第2次嘛,是我和爸爸赌捏冰,结果还是我赢了。哪一次不是我大获全胜?"听了我的话,妈妈笑着说:"我感到我的钱包正受到威胁呢!"

大话我可是说出口了,可我的腿酸痛酸痛的。我一看表,唉呀,才过了3分钟。"没关系,没关系。"我对自己说,嘀嗒、嘀嗒,时间老人像故意放慢了脚步,5分钟过去了,我的腿酸得直痛,我赶快采取措施,把我包里的气球拿出来吹,吹好了又把气放掉,然后又吹。就用这法子转移注意力。唉哟!我的气球掉到地上了,这可怎么办?我赶快看表,好好好,已经15分钟了,我松了一口气。可是,我的左小腿开始抽筋了,过一会儿我的右小腿也开始抽筋了,前脚掌痛得很。现在也没有气球来转移注意力了,于是我又想了一个办法,用背"常用数的平方"来转移注意力。

坚持到底就是胜利,我第3次胜利了。

以打赌的方式来培养孩子忍耐力多么有趣,效果也十分显著。刘亦婷的妈妈说:"这些故事清楚地证明了,从婷儿婴儿时期就开始培养意志力，在不断强化的过程中，已经达到了相当好的程度。如果不是有如此顽强的意志力，婷儿根本不可能在积极准备高考的同时，现学现考托福和完成美国 12 所大学的入学申请。这种连续数月的高强度超负荷运转，需要何等坚韧的意志才能支撑下来呀！"

（十一）孩子离家出走怎么办

2001 年 2 月，南京市下关区一女中学生因与其母亲为学习上的事发生争吵，一气之下带了 140 元钱离家出走。她先去青岛玩了几天，再到了上海时钱已所剩无几，几名操北方口音的男女"关心"地为她代买了车票。待她一觉醒来已到了蚌埠，后被这些男女"陪伴"落脚到安徽省灵璧县尹集区田陆乡。当地一户姓亢的贫困农民不惜以 2500 元从人贩子手中买下该女学生，并与该女学生以假名办了结婚登记手续。2002 年 1 月，该女学生生下一男孩。

该女学生自从被拐卖后追悔莫及，急盼与家人团聚。2002 年 8 月初，她悄悄寄出一封信，幸运地寄到其父亲手中。信中痛苦地诉说自己离家后的不幸遭遇。其父亲见信后即向下关区公安分局报案并请求解救。分局领导高度重视，立即组织干警成立了解救小组。8 月 7 日，解救小组成员带着该女学生的父亲驱车前往田陆乡。在当地公安机关的协助下，他们深入细致地做好工作，化解了被拐卖女学生的"丈夫"等人的阻拦，于次日下午返回南京。

这个女学生的出走，遭遇是十分悲惨的。在学生中这类出走现象却不只一两个，2001 年春节前，南京下关区一个月中竟有 9 人出走。

江苏泰州一名 17 岁的高中三年级学生，因与家人发生口角，负气离家出走，至今杳无音信。

　　两位精神忧伤的家长向记者诉说了心中的痛苦：他们的儿子小沈性格十分内向，平日沉默寡言，加之即将面临高考，学习的压力使孩子脾气变得越发古怪。2002 年 8 月 24 日上午 11 点左右，小沈与父母为了一点小事发生争执，两句话没说完，就发狂似地冲出家门，母亲连追了几条巷子，最后还是没追上。小沈的父亲说："本来两人都下岗半年多，现在更无心找工作。为了找到儿子，夫妻俩几乎跑遍了全省，在这两个月里，夫妻俩没有吃过一顿像样的饭菜，没有睡过一个安稳觉。我们现在没有太多的奢望，只希望儿子能够回个电话，报个平安，也就放心了。"

　　这又是一个孩子出走的案例。这不能不使人心酸。

　　孩子为什么要出走呢？

　　南京外国语学校的老师们比较一致的看法是：最主要的原因还是孩子缺乏和家长的沟通。依照老师们多年的教学和与同学们相处

的经验，他们分析有这么几个原因会导致孩子选择比较极端的离家出走方式。第一个原因是在家里不痛快，心里的话没人听；要不就是觉得自己长大了，但是得不到应有的尊重。其实父母也不见得就是孩子的阻碍，但因为他们的教育方式容易流于简单化，比如说只会批评，导致后果会比较恶劣，要知道能做出离家出走举动的孩子，往往比同龄人思想复杂。有位老师就认识这样一个孩子，她的家长是当领导的，没什么时间陪她，再加上动不动就为了学习成绩不好而骂她，她一时想不通，就离家出走了。第二个原因恐怕就是为了孩子的学习成绩。孩子学习成绩不好，感到压力大，心情就会忧郁。而这时孩子又强烈要求自由，叛逆心理很强烈，选择出走不外乎就是为了"爽"一把。还有一个很普遍的原因是，如果孩子和社会上的朋友结交很谈得来的话，比如迷恋于玩游戏机等，社会上的朋友就很容易勾引孩子出走。换句话说，孩子出走有去处，这样他们就有恃无恐地出走了。

怎样才能防止孩子出走呢？

第一，要多和孩子交流沟通。孩子是有许多话要和父母交流的。有一首特别受中学生喜爱的歌《请让我慢慢成长》就说明了这一点。歌词是这样写的：

亲爱的爸爸，
给我一个窗口，
给我留一片还没有污染的天空，
在层层重重的铁窗后，
让我望一望草地上绿色的自由。

亲爱的妈妈，
给我哭闹的时间，
让我迟一些才学会标准的笑脸，

也许你可以先给我一点空闲，

让我喜欢自己，

才接受文明的训练。

亲爱的老师，

不要那么紧张，

不是所有的歌曲都要规矩地唱，

一切的 ABC 可以慢慢地学，

不要教我争光，让我从容一点。

亲爱的世界，

给我一块黑板，

让我快快乐乐地画一幅自己的向往，

其实你不该教会我太多的黑白，

让我长大后不会对灰色无奈。

这首歌，反映出孩子徘徊、彷徨、惆怅的情绪，他们是多么希望父母、老师与他们交流。可惜的是好多家长、老师没有让他们有倾诉、交流的机会。这种情绪如果得不到化解，那么孩子怎会不出走呢？甚至自杀都有可能。所以，家长、老师一定要及时地和孩子交流，询问、了解他们的要求、希望、爱好、梦想，使他们有发泄的机会，从而轻装上阵，而不至于离家出走。如果有些事确实是家长、老师自己错了，那也应真诚地向孩子道歉，以争取孩子的谅解与宽容。孩子是最天真、最善良的，只要父母、老师以诚相待，他们会成功，会改正自己的缺点的。

第二，要时时刻刻注意孩子情绪的变化，一旦发现孩子的情绪有变化，就要及时引导和教育。一些博士生的父母给我们做出了榜样。如张怀宇和张怀宙（双胞胎，均为博士后）的母亲卞莉山就是这样做的。

有一段时间，性格活泼的张怀宙（老二）变得沉默寡言，卞莉山便找他谈心。原来这段时间数学测验他成绩不好，哥哥说他，老师也批评他，他不想再上学了，想学武术，卞莉山劝他，只要你自己尽心学，考试成绩再差，我们也不怨你。没过几天他又活蹦乱跳起来，期末考试考了 100 分。父母在学习上除注意与他交流、引导以外，还注意他们的情绪变化。一次考试，张怀宇（老大）考试得了第一名，张怀宙得了第三名，学校只公布前三名学生的名单，名单公布后，张怀宙发现第三名变成了一位女生的名字，他噘起了嘴不高兴，对这位老师也有成见，张怀宇回来也替弟弟发牢骚。父母知道后，认为这不是一件小事，害怕小孩子有抵触情绪，便和他交流，做他的思想工作，劝他相信老师，即使没有上榜，只要分数高就行。第二天，老师发现错误后，及时纠正过来，张怀宙又高兴得笑起来。

如果每一个家长、老师能及时地发现孩子的情绪变化，及时地加以引导，那么孩子就不可能离家出走了。孩子要离家出走，一定会在行动、语言、情绪上有所表现，做父母的怎么会不有所觉察呢？只是父母没有重视，掉以轻心而已。